Komm in Gottes Schöpfungsgarten

MATERIALIEN ZUR GEMEINDEARBEIT

Die Deutsche Bibliothek – CIP-Einheitsaufnahme

Ein Titeldatensatz für diese Publikation ist bei
Der Deutschen Bibliothek erhältlich.

© 2001 Verlag Junge Gemeinde Stuttgart
Leinfelden-Echterdingen
1. Auflage
Umschlag, Typografie und Herstellung:
Dieter Kani, Stuttgart
Illustrationen: Dorothea Layer-Stahl
Druck und Bindearbeiten:
Wilhelm Röck, Weinsberg

ISBN 3-7797-0377-7 (Verlag Junge Gemeinde)
ISBN 3-460-25001-1 (Verlag Kath. Bibelwerk)

Alma Grüßhaber

Komm in Gottes Schöpfungsgarten

Gottesdienste
zum Schauen und Staunen
für Kinder ab 2 Jahren

Verlag
Junge Gemeinde

Verlag
Katholisches Bibelwerk

Inhalt

Vorwort 7
Einführung: Gottesdienst mit Kleinkindern 8

Gottes Geschenk 13

Zum Thema: Dazu wollen wir anstiften 14
Theologische Überlegungen: Wie wir von Gott erzählen 14

Der Regenbogen 15
Gottesdienste zur Sintflutgeschichte
(Genesis/1 Mose 6,14–9,17 i.A.)

Die Muschel 29
Nimm dir Zeit für Gottes Wunder (Psalm 8,2)

Die Sonne 34
Ein neuer Tag beginnt (Psalm 84,12)

Augen können sehen 46
Gottesdienste zur Bartimäusgeschichte (Markus 10,46–55)

Tiere mag ich 57

Zum Thema: Dazu wollen wir anstiften 58
Theologische Überlegungen: Wie wir von der Schöpfung reden 58

Der Spatz / Der Rabe 59
Seht die Vögel am Himmel (Matthäus 6,26)

Küken, Raupe und Schmetterling 73
Kleine Tiere – ganz groß

Der Wal 88
Gottesdienste zur Jonageschichte (Jona 1–4)

Weitere Bausteine 105

Basis-Lieder für den Kleinkindergottesdienst 111

Literatur 126

Verzeichnis der Lieder

(Genannt sind hier nur die Lieder, die in diesem Buch abgedruckt sind, nicht aber jene, auf die nur verwiesen wird.)

Alle Kinder dieser Welt sind dein	125
Alle Vöglein, die da singen	66
Als Noah in die Arche ging	21
Augen hast du mir gegeben	52
Der Herr segne dich	124
Die kleine Raupe Nimmersatt	80
Die Sonne hoch am Himmelszelt	117
Du hast uns deine Welt geschenkt	116
Ein kleiner Spatz zur Erde fällt	66
Ein neuer Tag beginnt	39
Er bricht durch unsre Scheiben	40
Er hält die ganze Welt	119
Gott, dein guter Segen	122
Gott, der Schöpfer dieser Welt	80
Gottes Liebe ist so wunderbar	113
Guter Gott, danke schön	121
Hände können fassen	52
Himmelsau, licht und blau	38
Ich bin ich und du bist du	99
Jona, Jona, auf nach Ninive	98
Kommt alle her	114
Leis, leis, leis	99
Leuchte, leuchte, bunter Regenbogen	22
Manchmal bin ich blind	52
Ob wir wohl die Lerchen sehn	68
Regenbogen, Lebenszeichen	23
So viel Freude hast du, Gott	120
Vöglein im hohen Baum	67
Was nah ist und was ferne	118
Wenn die Sonne ihre Strahlen	38
Wir sind jetzt hier zusammen	115
Wir singen alle Halleluja	112

Abkürzungen:

- **MKL** Menschenskinderlieder, Beratungsstelle für Gestaltung von Gottesdiensten, Eschersheimer Landstraße 565, 60431 Frankfurt (Ev. Landeskirche in Hessen und Nassau)
- **LJ** Liederbuch für die Jugend, Gütersloher Verlagshaus, Gütersloh
- **LzU** Liederbuch zum Umhängen, Menschenkinder Verlag, Münster
- **SL** Schwerter Liederbuch »Singt dem Herrn«, Verlag BDKJ, Paderborn
- **TG** Troubadour für Gott, Kolping-Bildungswerk, Diözesanverband Würzburg

Vorwort

Das vorliegende Buch »Komm in Gottes Schöpfungsgarten« eröffnet eine neue ökumenische Buchreihe für die Arbeit mit Kindern. »Materialien zur Gemeindearbeit« möchte bildhaft-praktische Modelle und kreative Ideen für Kindergottesdienste, Familiengottesdienste, Schulgottesdienste, Familiennachmittage und für die Arbeit in Kindergruppen anbieten. Der Verlag Junge Gemeinde und der Verlag Katholisches Bibelwerk suchen in dieser Reihe bewusst die ökumenische Weite und Breite. Dabei gibt es viel Gemeinsames zu entdecken, auch manches Unterschiedliche und Besondere, das für den Bereich der jeweils anderen Konfession aber befruchtend und anregend sein kann.

Den Anfang macht dieses Materialbuch für Gottesdienste mit Kleinkindern. Sie stammen zwar alle aus evangelischen Gemeinden, sind aber wegen des modularen Aufbaus ohne weiteres auch in katholischen Gemeinden durchführbar. Mit Kleinkindern legt es sich nahe, Grundelemente eines Gottesdienstaufbaus zu verwenden. Hier findet sich deshalb noch wenig an liturgischen Besonderheiten der Kirchen. Die Gruppe junger Familien ist konfessionell wenig festgelegt. Man geht dahin, wo etwas angeboten wird, was der eigenen Lebenssituation (in diesem Fall dem Leben mit Kleinkindern) gerecht wird. Auch die personelle Situation in den Gemeinden macht die ökumenische Zusammenarbeit in diesem Bereich unerlässlich. Daher hat es sich angeboten, eine gemeinsame Reihe mit Gottesdiensten für diese Altersgruppe zu beginnen.

Ein liturgischer Gestaltungsvorschlag ist bei jedem Gottesdienst zwar skizziert, bewusst wurden aber die Elemente als Bausteine angeordnet, damit jede Vorbereitungsgruppe sich ihren Gottesdienst selbst zusammenstellen kann. Manchmal werden zu einem Thema auch zwei Gestaltungsvorschläge mit dem vorhandenen Material vorgestellt. Die Gottesdienste sind alle in der Praxis erprobt und wurden dann von der Autorin nochmals überarbeitet. Es war uns wichtig, dass jedes Element so erläutert ist, dass es in den Gemeinden auch durchgeführt werden kann.

Das Buch enthält – wie es den besonderen Bedürfnissen dieser Altersgruppe entspricht – viel Material für die kreative Gestaltung mit Basteln, Bewegung und Spiel, Lied und Tanz. Es sind gesondert einige Basislieder aufgeführt, denn im Gottesdienst mit Kleinkindern kommt der Wiederholung große Bedeutung bei. Dabei war es im Rahmen dieser ökumenischen Produktion notwendig auch Lieder abzudrucken, die in einer der beiden Konfessionen gut bekannt, in der jeweils anderen aber nicht ohne weiteres zugänglich sind. Es war uns wichtig, dass die jeweilige Vorbereitungsgruppe im Buch weitestgehend das vorfindet, was zu dem Gottesdienst gebraucht wird (ohne wieder an verschiedene andere Bücher verwiesen zu sein).

Es ist bei einigen Gottesdiensten ein Vorschlag für die Gestaltung einer Einladung als Kopiervorlage beigefügt. Auch dies soll eine Anregung und Arbeitserleichterung für die Vorbereitenden sein. Wir wünschen, dass dieses Buch in vielen Gemeinden für die Gottesdienstgestaltung mit Kleinkindern und jungen Familien neue Anregungen gibt.

Peter Hitzelberger

Einführung Gottesdienst mit Kleinkindern

Gottesdienst unterscheidet sich von dem Angebot einer Spielgruppe

Gottesdienste mit Kindern sind ein wichtiger Bestandteil im Leben einer Gemeinde. Geht es doch darum, dass eine nachwachsende Generation erste Erfahrungen mit Gott und mit der Gestaltung des Glaubens macht.

Bei vielen jungen Familien ist diese Gottesdienstform akzeptiert und passt in ihre Lebenswelt. Hier finden sie Gleichgesinnte. Sie können sich untereinander über Dinge austauschen, die sie betreffen. Die neuen Erfahrungen, die sie im Umgang mit ihren Kindern und in ihrer neuen Rolle als Eltern machen, kommen auch in der Gestaltung des Gottesdienstes zur Sprache. Auch Kirchendistanzierte finden hier Gesprächspartner. Das Mitgestalten, das Engagement beim einen oder anderen Gottesdienst findet hohes Interesse.

Dabei unterscheidet sich der Gottesdienst von seinem Charakter und seiner Intention klar von den Zielen einer Spielgruppe. Es geht nicht um Beschäftigungsangebote für die Kinder und um die Förderung ihrer Entwicklung, auch wenn der Gottesdienst natürlich dafür einen Beitrag leistet. Im Gottesdienst wird für die Kinder (wie auch für die Erwachsenen) eine ganz andere Dimension erfahrbar: da gibt es einen, der ist größer als Mama und Papa; da kommt Gott ins Spiel. Tieferes, das über die unmittelbar greifbare Erfahrung hinausreicht, scheint auf. Gerade Kleinkinder haben eine hohe Sensibilität für Atmosphärisches. Wenn ihnen durch den Gottesdienst die Begegnung mit dem Bereich des Numinosen und mit Gott angeboten wird, dann nehmen sie das wie selbstverständlich auf. Für erste Glaubenserfahrungen wird ein Grund gelegt. Dazu gehört die Erfahrung der Transzendenz, des Staunens, des Wunderbaren. Die Dankbarkeit und Freude, dass ich da sein darf, dass ich geliebt und angenommen bin – nicht nur von den Eltern und von Menschen in der unmittelbaren Umgebung, sondern auch von Gott.

Der Gottesdienst hat eine geprägte Form, in der ich mich wiederfinden kann, die mir Halt und Orientierung gibt. Gerade ein Gottesdienst mit Kleinkindern braucht die wiederkehrende Gestalt. Wichtige Elemente müssen immer wieder vorkommen. Vertrautes schafft für die Kinder Geborgenheit. Dazu gehört der Raum, die Lieder und Gebete, sowie die liturgische Struktur des Gottesdienstes. Die Sprache orientiert sich am kleinen Kind, die Lieder auch. Die kreativen Elemente beziehen alle ein. Sie Sprechen alle Sinne an: Herz und Mund, Augen, Ohren und Hände.

Einen Gottesdienst kann man vorbereiten, aber nicht machen. Gottesdienst ist Geschenk, ist freies Geschenk Gottes. Neben den pädagogischen Aspekten muss beim Gottesdienst mit Kleinkindern auch diese theologische Dimension immer im Blick sein. Gott will uns Menschen nahe sein. Im Gottesdienst soll der Mensch aufatmen und immer wieder neu erfahren dürfen, dass Gott an ihm handelt. Jeder Gottesdienst ist ein Fest der Begegnung Gottes mit uns Menschen und der Menschen untereinander. Gott selbst dient uns durch sein Wort und Sakrament. Gotteslob und Gottesanbetung ist das, was wir Menschen in diese Begegnung einbringen. Im Feiern, im Beten und Singen erfahren Kinder und Erwachsene: Es ist gut im Haus Gottes zu sein. Gott liebt mich so wie ich bin. Zu ihm darf ich jeder Zeit kommen.

Wie ein Gottesdienst mit Kleinkindern zu gestalten ist

● *Einladen in den Raum Kirche*

Der vertraute Rahmen wird für Kinder gerade auch durch den Raum geschaffen. Ein Gottesdienst mit Kleinkindern sollte immer im selben Raum stattfinden. Wo immer es sich anbietet, sollte dies der Kirchenraum sein. Durch seine Atmosphäre macht er deutlich: jetzt erleben wir etwas Besonderes, das aus dem normalen Alltag herausgehoben ist.

Der Gottesdienstraum ist anders als der alltägliche Wohnraum. Größe, Gliederung und Ausstattung markieren für den Besucher den Eintritt in einen »anderen« Ort. Kirchen sind keine Kultstätten, aber ihre bauliche Ausrichtung nach Osten, die Ausstattung (Altar, Kanzel, Taufstein, Tabernakel, Bilder und Figuren), die Sitzordnung (auf die Mitte oder nach vorn ausgerichtet) zeigen einen umfriedeten Raum. Der Mensch tritt hier in eine andere Wirklichkeit ein, trennt sich vom Alltag.

Dies sollte auch dann erfahrbar werden, wenn der Kleinkindergottesdienst im Gemeindehaus stattfindet. Der Raum ist entsprechend herzurichten: Altartisch, Kreuz, Bibel, Kerzen, Blumen, gestaltete Mitte.

Die Kinder brauchen Möglichkeiten, den Raum zu entdecken. Dazu gehört das Schauen, das Berühren, aber auch das Gehen und Erobern des Raumes. Die Feier des Gottesdienstes muss dafür Möglichkeiten bieten. Verwendete Gegenstände müssen gezeigt werden, z.B. die Bibel, das Kreuz. Ihr Sinn und ihre Bedeutung sind zu benennen.

Zum Raum gehören auch Menschen. Die Kinder sollen die Personen kennen, die im Gottesdienst erzählen, singen, beten. Die Mitarbeitenden stellen sich deshalb vor, sagen wer sie sind. Der Pfarrer, die Pfarrerin zieht den Talar, das Messgewand an und erläutert, warum es getragen wird.

● *Hineinnehmen in einen liturgischen Rahmen*

Gottesdienste mit Kleinkindern werden Gestaltungselemente von 2–4 Minuten haben. Der zeitliche Rahmen sollte bei 30–35 Minuten liegen.

Wo Menschen sich versammeln und gemeinsam feiern, bedarf es eines Rituals. Im Gottesdienst ist dies der liturgische Rahmen. Dafür haben die Kirchen unterschiedliche Ordnungen (Agenden) festgelegt. Der Gottesdienst mit Kleinkindern hat sicher sehr viel Freiheit für die Gestaltung, aber er sollte auch so sein, dass die Struktur gottesdienstlicher Feier erkennbar wird. Unabhängig von den Besonderheiten in der liturgischen Gestaltung eines evangelischen oder katholischen Gottesdienstes, gibt es doch allen gemeinsam eine Grundstruktur mit folgenden Elementen:

Das Ankommen
— Glockenläuten
— Liturgischer Gruß – z.B.: »Wir sind hier zusammengekommen. Wir feiern diesen Gottesdienst im Namen des Vaters, des Sohnes und des Heiligen Geistes. Amen.«
— Begrüßung

Die Eröffnung
— Lied
— Einführung
— Gebet

Der Hauptteil
— (Schriftlesung)
— Erzählung, katechetische Auslegung
— Aktion, kreative Gestaltung
— Gebet, Fürbitten
— Lied

Die Verabschiedung
— Vaterunser
— Segen
— Segenslied

Im Gottesdienst mit Kleinkindern wird auch in katholischen Gemeinden nicht immer eine Eucharistiefeier damit verbunden sein. Entweder findet er, von Laien gestaltet, ohnehin parallel zum Erwachsenengottesdienst statt oder aber zu einem anderen Zeitpunkt (z.B. Samstagnachmittag). Zu bedenken ist außerdem, dass die Kinder selbst ja noch nicht zum Empfang des Abendmahls/der Kommunion zugelassen sind, so dass sich auch von daher die Form des Wortgottesdienstes anbietet, wie sie hier skizziert wurde.

Zu den Besonderheiten evangelischer Gottesdienste gehört das Psalmgebet im Eröffnungsteil. Im katholischen Gottesdienst stehen an dieser Stelle die Kyrierufe. Unter den Bausteinen dieses Gottesdienstbuches finden sich häufig auch Angebote für ein Psalmgebet. Durch den Kehrvers ermöglicht diese Gebetsform auch eine Beteiligung der Gottesdienstgemeinde (der Kinder). Oft haben die Gebete den Charakter des Lobpreises. Auch für katholische Leserinnen und Leser kann diese Form eine interessante Alternative sein. Im Gottesdienst mit Kleinkindern ist das Schuldbekenntnis, zu dessen Ausgestaltung die Kyrierufe gehören, altersentsprechend eigentlich nicht von vorrangiger Bedeutung. Sie können von daher ohne weiteres weggelassen oder durch ein anderes Gestaltungselement ersetzt werden.

Ein weiteres Schwergewicht im evangelischen Kindergottesdienst bildet die Erzählung zum biblischen Text. Die Bausteine dieses Buches greifen aber nicht immer einen Bibeltext auf. Die Geschichten sind einfach erzählt mit anschaulichen Gestaltungselementen (Bewegungen, Bilder, Zeichen, Symbole, Tanz und Spiele). Ein liturgischer Ablauf ist zwar als Empfehlung vorgegeben, aber man kann diesen leicht an die Gegebenheiten vor Ort anpassen.

Die Gestaltungselemente sollen wechseln zwischen bewegten und ruhigeren Teilen. Kinder in diesem Alter brauchen die Bewegung, die Einbeziehung des ganzen Körpers. Aber es muss auch Elemente der Stille und Ruhe geben. Wer mit Kindern ein Gebet spricht, muss auch die Gebärde des Händefaltens einführen. Wer eine »stille Minute« einsetzt, der sollte den kleinen und großen Gottesdienstbesuchern Hilfestellung dafür geben, z.B. so: »Wir schließen die Augen, falten die Hände und danken Gott für den schönen Tag. Wir hören dazu Musik. Wenn die Töne aufhören, öffnen wir wieder die Augen und Hände.«

Der Eingang und Ausgang des Gottesdienstes ist ebenso bewusst zu gestalten, wie der Hauptteil. Das Ankommen und Aufgenommensein bedarf bewusster Überlegung, genauso das Weitergehen. Für Kinder ist die Begegnung mit Fremdem – und das ist anfangs der große Raum der Kirche – oft mühsam. Es kann z.B. sein, dass ein bestimmtes Begrüßungslied immer an den Anfang gesetzt wird oder eine bestimmte Begrüßungsgeste. Genauso braucht das Verabschieden ein Zeichen. Das Abschiedslied oder das Segensgebet, das immer wiederkehrende Vaterunser können solche Elemente sein. Ebenso könnte es auch zum Schlussritual gehören, dass die Kinder etwas mitbekommen zum Erinnern und Begleiten, was mit dem Thema des Gottesdienstes zu tun hat.

Zeichen und Symbole gehen mit, bleiben rituelle Anregungen – etwa für das Abendgebet oder das gemeinsame Erleben. Beim Anblick einer aufgeblühten Sonnenblume rief ein Zweijähriger (er hatte mit seinen Eltern einen Gottesdienst besucht, in dem von Sonnenblumen erzählt wurde): »Hat Gott gemacht. Prima!«

Welcher Rhythmus der Feier von Gottesdiensten mit Kleinkindern bietet sich an?

Gottesdienste mit Kleinkindern sind Angebote ad hoc – immer wieder einmal. Die Vorbereitung der Gottesdienste braucht einiges an Zeit. Deshalb wird ein solcher Gottesdienst nur in größeren Abständen gefeiert werden. Hier ist auch die Lebenssituation junger Familien zu beachten, die ihre Aktivitäten außerhalb der Familie deutlich einschränken müssen, wenn sie den Anforderungen der Kleinkinder gerecht werden wollen. Für eine intensive Arbeit in der Vorbereitung solcher Gottesdienste, bzw. dem häufigen Besuch von Gottesdiensten fehlt es jungen Eltern oft an der Zeit.

Jede Gemeinde muss selbst ihren Rhythmus für solche Angebote finden. Vielfach orientiert man sich dabei am Kirchenjahr: Advents- und Weihnachtszeit, Ostern, Pfingsten oder Frühsommer, Erntedank, Martins- oder Nikolaustag. Diese Materialsammlung greift ausschließlich das Thema Schöpfung auf. Sie möchte zum Schauen und Staunen über die Wunder der Schöpfung anleiten und zum Lobpreis Gottes hinführen. Für Kinder dieses Alters gibt es ja unendlich viel Neues in dieser Welt zu entdecken. Wir Erwachsenen können durch Kinder wieder das Staunen lernen, weil wir oft das Kleine und Unscheinbare übersehen, seinen Reichtum und seine Faszination nicht mehr wahrnehmen. Innerhalb der Reihe »Materialien zur Gemeindearbeit« wird es 2002 eine weitere Veröffentlichung von Gottesdiensten für Kleinkinder geben, die dann die Feste des Kirchenjahres aufgreift.

Manche Gemeinde gestaltet einen solchen Gottesdienst parallel zu oder im Anschluss an den Erwachsenengottesdienst und bietet danach ein einfaches Mittagessen für die Familien an. Andere läuten mit einem solchen Gottesdienst den Sonntag ein und feiern ihn deshalb am Samstagnachmittag. Auch da ist es sinnvoll, den Gottesdienst mit einer Begegnungs- und Gesprächsmöglichkeit für junge Familien zu verbinden (z.B. Kaffee- und Spielnachmittag).

Alma Grüßhaber, Peter Hitzelberger

I. TEIL

Gottes Geschenke

Zum Thema

Dazu wollen wir anstiften

Kinder können sich freuen. Sie tun das, was dem Erwachsenen so oft verloren geht: mit allen Sinnen aufnehmen, staunen, sich freuen.

Fünf Gottesdienstmodelle öffnen den Blick für die Geschenke der Schöpfung, ermutigen zu Naturbeobachtungen und regen an, Schöpfung zu bewahren, dankend und staunend zu leben. Dabei sind die Kinder selbst unsere Lehrmeister, weil für sie die umgebende Welt ein großes Geheimnis ist.

Theologische Überlegungen: Wie wir von Gott erzählen

Wie kommt eine Kind zu einer Vorstellung von Gott? Indem er bekannt gemacht wird in den Geschichten, die von ihm erzählen. Wir wollen aber auch dem Kind helfen, die Welt, in die es hineingeboren ist, zu deuten und zu verstehen.

Wir Erwachsene wollen mit dem Kind aufspüren: Gott ist schön. Er meint es gut mit uns. Das zeigt die Schönheit der Natur: die Vielfalt der Pflanzen und Tiere, die bunte Palette von Farben und Formen, das Spüren von kaltem Regen, die Wärme, wenn die Sonne scheint.

Faszinierend ist das Erleben von hell und dunkel, von Morgen und Abend, der Glanz der Sonne, die Härte des Steins, die Kanten einer Muschel, der Sand, der durch die Finger rieselt. All das schafft Lust auf Leben.

Wenn wir im Gottesdienst Geschichten von Gott aufnehmen und deuten, so erzählen wir vom Schöpfer und Bewahrer alles Lebens.

Der Regenbogen

Gottesdienste zur Sintflutgeschichte (Genesis/1 Mose 6,14–9,17 i.A.)

■ Religionspädagogische Überlegungen

Die Sintflutgeschichte enthält Bedrohliches: wer ungehorsam ist, kommt um. Wenn dies die einzige Botschaft wäre, müssten Kinder sich fürchten und Schuldgefühle würden wach. Auf eine krasse Ausschmückung der Fluterzählung sollte deshalb bei kleinen Kindern verzichtet werden. Der Schwerpunkt ist auf die Zeichen des neuen Anfangs zu setzen.
Die großartige Hoffnungsbotschaft der Erzählung vom Regenbogen lautet: wer auf Gott hört, wird gerettet. Gott schenkt dem Menschen Zeichen der Hoffnung:
— Es gibt die Arche, den geborgenen Ort.
— Gott lässt »übrig« Menschen und Tiere.
— Gott schenkt Sichtbares: den Ölzweig, den Regenbogen.

Was sollen die Kinder aus der Erzählung hören?
— Gott ist mit seinen Menschen, mit Noah und seiner Familie.
— Gott ist mit den Tieren. Paar um Paar treten sie aus der Arche.
— Gott ist heute mit mir. Ich erlebe seinen Schutz und seine Fürsorge. Er ist am Morgen da und am Abend, im Winter und im Sommer. Solange die Erde steht, hört dies nicht auf. Jeder Regenbogen erinnert daran.

■ Zur Darbietung und Gestaltung

Die Erzählung aus dem ersten Buch der Bibel (1 Mose/Genesis) gehört zur Urgeschichte und ist in ihren Schilderungen bewegt und dramatisch.
Religionsgeschichtliche Untersuchungen zeigen, dass auch andere Kulturen von einer solch großen Katastrophe berichten, wie etwa die Babylonier, Perser und Inder. In deren Göttersagen sind uns Zeugnisse davon überliefert. In Israel erzählt man sich die Geschichte von der Urflut auch, aber man redet von Gott, der dies, in seinem großen Kummer um die Menschen, zulässt. Gott gibt seine Menschen nicht auf, sondern rettet Noah und gibt ein neues Versprechen. Anschaulich wird beschrieben:
— 1 Mose/Genesis 6, 14–16 der Bauplan der Arche,
— 1 Mose/Genesis 7, 2+3; 8+9 (14 +15) die Tierpaare,
— 1 Mose/Genesis 7, 10–12,17-20 die große Flut,
— 1 Mose/Genesis 7, 16 die Geborgenheit in der Arche: Gott selbst schließt sie zu,
— 1 Mose/Genesis 8, 6–11 der Rabe und die Tauben und der grüne Zweig,
— 1 Mose/Genesis 9, 12+13 das große Versprechen und der Bogen.

Zwei ausgearbeitete Gottesdienstentwürfe liegen vor. Entwurf A ist vom Bewegungsablauf her eher mit Kindern von 5–7 Jahren durchzuführen. Entwurf B ist für Kinder von 2–4 Jahren gedacht.
Die verschiedenen Bausteine sollen anregen, sich aus dem Material einen »eigenen« Gottesdienstentwurf zu erarbeiten.

DER REGENBOGEN

Entwurf A

Der Regenbogen – Ein Gottesdienst mit Bewegung

(Entwurf und Idee: Kirchengemeinde Münsingen, E. Goral, A. Heinzelmann, R. Kunz, C. Lange, C. Topp, M. Wiest und Pfarrer M. Trugenberger)

Intention: Gemeinsame Erfahrung – wir sind in der Arche.

Vorbereitung:

Regenbogen, 2–4 m Durchmesser an einem Vorhang feststecken oder im Raum anbringen. (Anleitung dazu Seite 24)
Alle Stühle in Schiffsform im Raum aufstellen. Ein flexibel gestaltbarer Gemeinde- oder Kirchenraum ist Voraussetzung.
Die Kinder bringen Stofftiere mit.

Liturgischer Ablauf:

Lied: »Wir singen alle Halleluja« (Seite 112)
Eröffnung im Schiff (Arche; Erläuterungen dazu Seite 17)
Lied: »Du hast uns deine Welt geschenkt« (Seite 116)
Einführung in das Fingerspiel »Der Regen« (Erläuterungen dazu Seite 25)
Lied: »Ein bunter Regenbogen« (LJ 509; SL 96; TG; 475; MKL 67; LzU I 18)
Erzählung mit körpereigenen Geräuschen (Erläuterungen dazu Seite 18)
Gebet: »Danke, guter Gott« (Seite 20)
Lied: »Er hält die ganze Welt« (Seite 119)
Vaterunser
Segenslied: »Gott, dein guter Segen« (Seite 122)
(Alle stehen dazu auf und reichen sich die Hand.)

Entwurf B

Gottes Regenbogen seht! – Ein Gottesdienst mit Tierfiguren und einer Regenbogenaktion

(Alma Grüßhaber)

Intention: Sehen, betrachten, hören, mitmachen.

Vorbereitungen:

Im Altarraum wird ein Schlauchboot aufgestellt, eventuell mit Sand füllen oder eine Wanne mit Sand darin aufstellen. Fläche für den Regenbogen markieren (s. Seite 17).

Liturgischer Ablauf:

Vorspiel (Orgel oder Flöte)
Lied: »Er hält die ganze Welt« (Seite 119)
Gebet: »Hab Dank für diese ruhige Nacht« (Seite 20)
Aktion: Einen Regenbogen legen (Erläuterungen dazu Seite 26)
Lied: »Regenbogen, Lebenszeichen« (Seite 21)
Erzählung (Seite 19): Kinder tragen die Tierschilder ins Boot.
Lied: »Ein bunter Regenbogen« (LJ 509; SL 96; TG 475; MKL 67; LzU I 18)
Gebet: »Danke, guter Gott« (Seite 20)
Vaterunser
Segen

DER REGENBOGEN

■ Bausteine zum Gottesdienst

Der einladende Raum

Mehrere »Sehelemente« gehören zu diesen Gottesdienstentwürfen:
— der Regenbogen
— das Schiff/die Arche
— die Tiere: entweder als Stabfiguren vorbereitet oder als Stofftiere.
(In den Einladungsbrief schreiben, dass die Kinder ihre Stofftiere mitbringen sollen.)

ENTWURF A:

Groß und bunt sollte ein Regenbogen im Mittelpunkt des Raumes stehen (Anleitung Seite 24).
Die Stühle werden im Form eines Schiffes gestellt. Eventuell den »Aufgang« mit einem Brett als Steg oder einer Strickleiter dekorieren. Um die Stühle eine Abschrankung spannen (Seil, Tücher etc.). In der Mitte ist ein freier Raum für die Erzählerin/den Erzähler und die Stofftiere zu belassen, falls diese nicht in Händen der Kinder bleiben.

ENTWURF B:

Der Blickfang wird zu Beginn des Gottesdienstes auf das Boot gelenkt. Falls keine Leihmöglichkeit für ein Boot besteht, aus Brettern eine Schiffsform stellen, mit Tüchern verkleiden, Einstiegsmöglichkeit schaffen.
Tiere als Stabfiguren vorbereiten (Seite 25) und im Raum deponieren. Eine Wanne oder einen Eimer mit Sand nicht vergessen.
Zum Legespiel (Seite 26) gehören Tücher in Regenbogenfarben (eventuell in Kindergärten oder einer Musikschule ausleihen), oder entsprechendes Papier oder farbige Bausteine. Im Raum ist eine Fläche dafür freizuhalten.

ENTWURF A:

Einführung

Heute sieht es im Raum anders aus.
Wir haben ein Schiff aufgebaut.
Das Schiff ist ganz groß.
Es heißt Arche.
Es hat für viele Menschen Platz.
Und für viele Tiere.
Warum?
Nachher steigen wir in das Arche-Schiff.
Wir hören eine Geschichte.
Dabei brauchen wir unsere Hände.
Hin und wieder unsere Stimme.
Und unsere Stofftiere.
Also: aufgepasst und mitgemacht.

ENTWURF B:

Wir haben heute ein Schiff im Raum.
Das Schiff heißt Arche.
Es ist groß und hat für viele Menschen Platz.
Auch für Tiere.
Warum? – Wir hören eine Geschichte.

DER REGENBOGEN

Die Erzählung

ENTWURF A: Der Regenbogen (mit Bewegungen)

Gott hat die Menschen erschaffen.
Aber die Menschen machen Gott keine Freude.
Sie streiten miteinander.
Sie sind böse zueinander.

Noah und seine Frau sind traurig.   *Traurig sein (Hände vors Gesicht nehmen.)*

Gott sagt zu Noah: *Hören (Hände lauschend an die Ohren legen.)*

»An dir habe ich Freude.
Bau ein großes Schiff, eine Arche.
Für dich, deine Frau und deine drei Söhne.
Auch Tiere sollen in der Arche Platz haben.«

Noah baut die Arche.   *Hämmern als Geste der Arbeit (An die Stühle klopfen.)*

Seine Söhne helfen ihm. Die Leute sagen:
»Hier kann doch kein Schiff schwimmen!
Hier ist doch kein Wasser!«

Die Arche ist fertig.
Es fängt an zu regnen.   *Der Regen trommelt. (Auf die Brust klopfen.)*

Es regnet in Strömen.
Es regnet und hört nicht mehr auf.
Das Wasser steigt.
Die Sintflut kommt.

Gott sagt zu Noah:
»Geh mit deiner Familie in die Arche!   *Alle Kinder gehen mit ihren Tieren*
Nimm von allen Tieren zwei mit,   *und mit ihren Eltern in das Schiff.*
ein Männchen und ein Weibchen.
Ich will nicht, dass alles Leben untergeht.«
Alle Tiere kommen herbei.
Noah lässt sie in die Arche.

Auch Noahs Frau geht in die Arche.
Auch seine Söhne mit ihren Frauen.
Als alle drinnen sind, macht Gott die Türe zu.

Es regnet und regnet.   *Der Regen strömt. (Hände reiben und Brust klopfen.)*

Überall ist Wasser.
Das Wasser ist höher als die Berge.
Die Arche schwimmt auf dem Wasser.

Gott denkt an die Menschen
und Tiere in der Arche.
Er lässt den Regen aufhören.   *Stille*
Das Wasser nimmt ab.
Noah sieht die Spitzen der Berge.   *Mit den Händen eine Bergspitze zeigen.*
Die Arche bleibt auf einem Berg stehen.

DER REGENBOGEN

Noah lässt eine Taube fliegen.	*Flugbewegungen (Mit den Armen flattern.)*
Die Taube kommt wieder zurück.	
Sie kann nirgends bleiben.	
Überall ist Wasser.	
Noah wartet sieben Tage.	
Er lässt die Taube ein zweites Mal fliegen.	*Flugbewegung (s.o.)*
Wieder kommt sie zurück.	
Sie bringt einen grünen Zweig.	
Noah wartet nochmals sieben Tage.	
Dann lässt er die Taube	
zum dritten Mal fliegen.	*Flugbewegung (s.o.)*
Sie kommt nicht mehr zurück.	
Die Erde ist trocken.	
Gott sagt zu Noah:	
»Jetzt könnt ihr aus der Arche gehen!	
Du und deine Familie und alle Tiere.	
Vermehrt euch	
und breitet euch über die Erde aus!«	*Auszug aus dem Schiff*
Noah baute einen Altar.	
Er dankt Gott.	*Hände falten.*
Alle sind froh und rufen:	*Gemeinsam rufen:*
»Wir danken Gott!«	*»Wir danken Gott.«*
Gott sagt:	
»Habt nie mehr Angst.	
Es kommt keine Sintflut mehr.	
Seht den Regenbogen am Himmel!	*Auf den Regenbogen zeigen.*
Nach jedem Regen scheint wieder die Sonne.	
So soll es immer bleiben.	
Das verspreche ich euch.«	

(Der Text wurde in Anlehnung an die Erzählung von Irmgard Weth in der Neukirchner Kinderbibel von Pfr. M. Trugenberger erarbeitet.)

ENTWURF B: Gottes Regenbogen seht!

Erzähler/in:

Einst gab es einen großen Regen auf Erden.
Damit die Tiere und die Menschen nicht alle ertranken, sagte Gott zu Noah:
»Geh, bau ein großes Schiff! Eine Arche! Du und deine Familie und viele Tiere sollen darin Platz haben.«
Noah baute mit seinen Söhnen ein riesiges Schiff. Als alles fertig war, sagte Gott:
»Nimm von jeder Tierart ein Paar, ein Weibchen und ein Männchen. Alle sollen im Schiff geborgen sein.«
Noah rief den Tieren. Sie zogen und flogen in die Arche und suchten sich einen Platz.

(Stabfiguren mit Abbildungen der verschiedenen Tiere zeigen. Die Kinder aufzählen lassen. Etwa 20 Tierarten wie Katze, Schaf, Huhn, Bär, Pferd, Giraffe, Rabe, Taube, Schlange, Hund, Eichhörnchen, Hamster, der Storch, die Maus, der Frosch, die Biene und andere.)

Als alle im Schiff waren – auch Noah und seine Familie – wurde die Türe verschlossen.
Dann kam der Regen, viele Wochen lang. Und denkt euch, sie haben nicht gestritten. Tage und Wochen haben sich alle vertragen. Der Hund hat die

Katze nicht gebissen und die Schlange hat das Schaf nicht erwürgt. Der Bär hat der Honigbiene nichts zuleide getan und der Storch hat den Frosch in Ruhe gelassen. Noahs Kinder haben die Tiere nicht geärgert, denn alle warteten, bis der große Regen aufhörte. Eines Tages wurde es ganz still. Kein Trommeln von Regentropfen war mehr zu hören. Noah öffnete ein Fenster und lies die Taube fliegen, und sie brachte einen kleinen grünen Zweig zurück. Da wussten alle: Jetzt können wir aus dem Schiff, es gibt wieder Nahrung auf der Erde.

Noah öffnete das große Tor. Die Tiere zogen aus. Am Himmel stand ein großer Regenbogen. »Seht Gottes großes Geschenk«, sagte Noah zu seiner Frau und seinen Kindern. »Das ist ein Friedensbogen. Damit sagt uns Gott:

Sprechchor (Mitarbeiter/innen):

Solange die Erde steht,
nie mehr vergeht
Tag und Nacht.
Gott ist's, der wacht.
Sommer und Winter,
Gott schützt seine Kinder.
Die Großen und die Kleinen,
keines soll mehr weinen.
Freut euch, wenn ihr diesen Bogen seht,
der groß und bunt am Himmel steht.«

(Erzählung von Alma Grüßhaber)

Rituale und Gebete

Gebet zum Beginn

Hab Dank für diese ruhige Nacht
und dass du uns den Tag gebracht
und so viel Freude mir bescherst,
mich liebst und mein Gebet erhörst.
Lass groß mich werden, stark und gut,
schenk mir Geduld und frohen Mut.
So gerne möcht' ich folgsam sein:
Wenn du mir hilfst, dann bleib ich dein.

Britt G. Hallquist; aus »Victorias Gebetbuch«, S. 63, hrsg. von der Hofgemeinde Stockholm
Kreuz Verlag, Stuttgart 1988

Gebet nach der Erzählung

Danke, guter Gott, für diese Zeit in der Kirche.
Wir danken dir für den bunten Regenbogen.
Er erinnert uns, dass du für uns da bist.
Lass uns um Verzeihung bitten, wenn wir Streit hatten.
Gib, dass wir einander die Hand reichen, wenn wir böse zueinander waren.
Hilf uns, dass wir miteinander auskommen.
Du bist so gut zu uns.

(Gebet von Alma Grüßhaber)

DER REGENBOGEN

Als Noah in die Arche ging

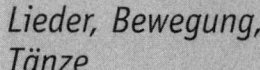

Lieder, Bewegung, Tänze

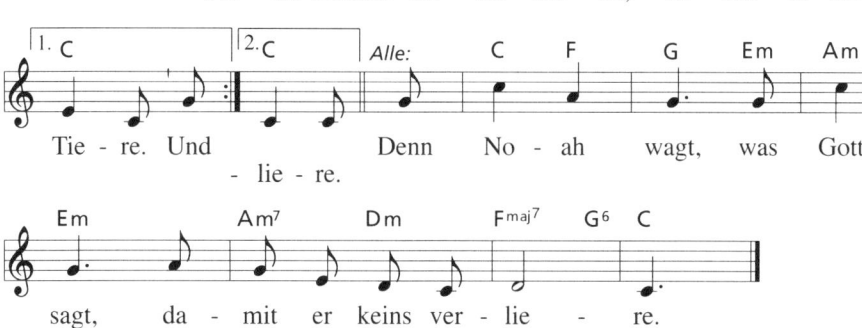

2. Und als der große Regen kam,
der Sturm begann zu toben,
da schwoll die Flut bis an den Turm,
die Arche, die schwamm oben.
Denn Noah wagt,
was Gott ihm sagt,
die Arche, die schwamm oben.

3. Und als der Himmel nicht mehr floss,
als helle Nebel stiegen,
ließ Noah aus dem Fensterloch
eine weiße Taube fliegen.
Denn Noah wagt,
was Gott ihm sagt,
ließ eine Taube fliegen.

4. Und als die Taube wiederkam
mit ausgebreiten Schwingen,
und als sie saß auf Noahs Hand,
was tat sie da mitbringen?
Denn Noah wagt,
was Gott ihm sagt.
Was tat sie da mitbringen?

5. Ein Blatt vom Ölbaum, das war grün.
Die Taube wollt nicht rasten,
und als sie dann nicht wiederkam,
ging Noah aus dem Kasten.
Denn Noah wagt,
was Gott ihm sagt.
Noah ging aus dem Kasten.

6. Die Tier' frohlockten um ihn her,
die Kraniche, sie flogen,
die Fische schwammen froh im Meer,
am Himmel stand der Bogen.
Denn Noah wagt,
was Gott ihm sagt.
Am Himmel stand der Bogen.

Dieses Lied könnte auch als Spiellied statt der im Gottesdienstentwurf vorgeschlagenen Erzählung dargeboten werden.

Text: Rudolf Otto Wiemer; Melodie: Hermann Weigold
Aus: Watkinson, »9 x 11 neue Kinderlieder zur Bibel«
© Verlag Ernst Kaufmann, Lahr, und Christophorus Verlag, Freiburg

DER REGENBOGEN

Leuchte, leuchte, bunter Regenbogen

A *Alle:*

1. Leuch-te, leuch-te, bun-ter Re-gen-bo-gen, leuch-te in die dunk-le Welt! Als die Tie-re aus der Ar-che zo-gen, hat dich Gott in die Wol-ken ge-stellt. Leuch-te, leuch-te, bun-ter Re-gen-bo-gen, leuch-te in die dunk-le Welt!

B *Einer:*

Gott sprach zu No-ah: Nie-mals ver-geht, so lang die Er-de steht, Saat und Ern-te, Frost und Hit-ze, Som-mer und Win-ter, Tag und Nacht! Das ist der Bund, den ich ge-macht, und al-lem, was lebt, soll ver-kün-digt wer-den: Es kommt kei-ne Sint-flut mehr auf Er-den!

2. Leuchte, leuchte, bunter Regenbogen,
Himmelslicht von Gottes Thron.
Als die Tiere auf die Erde zogen,
standest du als sein Zeichen dort schon:
Leuchte, leuchte, bunter Regenbogen,
Himmelslicht von Gottes Thron!

Text: Heiner Michel, © Carus Verlag, Stuttgart; Melodie: Christa Linke, © Verlag Ernst Kaufmann, Lahr

Der Regenbogen

Regenbogen, Lebenszeichen

Weitere Strophen des Liedes können z.B. mit folgenden Variationen gesungen werden:

Klatscht mit uns unterm Regenbogen ...
Geht mit uns unterm Regenbogen ...
Lauft mit uns unterm Regenbogen ...
Lacht mit uns unterm Regenbogen ...
Stampft mit uns unterm Regenbogen ...
Schreitet unter dem Regenbogen ...
Kommt mit uns untern Regenbogen ...
Steht mit uns unterm Regenbogen ...

Dankt mit uns unterm Regenbogen,
weil uns Gott verspricht
mit dem Zeichen, dem Regenbogen:
Er verlässt uns nicht.

Text: Rolf Krenzer; Musik: Siegfried Fietz. Aus: »Die Erde ist ein großer Tisch«, Nr. 079
© ABAKUS Musik Barbara Fietz, 35753 Greifenstein

Weitere Lieder

»Wir singen alle Halleluja« (Seite 112)
»Gottes Liebe ist so wunderbar« (Seite 113)
»Du hast uns deine Welt geschenkt« (Seite 116)
»Er hält die ganze Welt« (Seite 119)
»Ein bunter Regenbogen« (LJ 509; SL 96; TG 475; MKL 67; LzU I 18)
»Gott, dein guter Segen« (Seite 122)

Basteln und Gestalten

Grosser Regenbogen für den Kirchenraum

Material:

Tapete oder festes Papier (Bahnen eventuell aneinanderkleben), Plakafarben oder Abtönfarben in den Regenbogenfarben (violett, indigo, blau, grün, gelb, orange, rot) – eventuell auf Mischbarkeit achten. Wer nicht malen will, kann auch Krepppapier zuschneiden und dieses mit Kleister aufkleben. (Vorteil: intensive Farbwirkung; das Material lässt sich gut in Halbkreisform anbringen).
Wer mit den Kindern selbst den Bogen bemalen will, sollte am besten Öl- oder Wachsmalkreide dafür bereitlegen.

Werkzeug:

Abdeckfolie, Küchenkrepp, Malkittel, dicke Pinsel, Scheren, ggf. 1–2 l Kleister (2–3 Essl. Kleister in 1/2 l Wasser quellen lassen, mit 1 1/2 l Wasser aufrühren. In einem Schraubdeckelglas aufbewahren, damit der Kleister nicht eintrocknet).

Gestaltung:

Möglichkeit A:
Das Vorbereitungsteam gestaltet den Regenbogen. Er schmückt den Gottesdienstraum.

Möglichkeit B:
Es gibt eine Aktion mit den Kindern: nach der Erzählung bemalen oder bekleben alle den ausgelegten Bogen.

Fenstermobile Regenbogen (Vorlage Seite 27)

Material:

Tonpapier in den Regenbogenfarben; Perlonfaden, ca. 25 cm pro Mobile.

Vorbereitung:

Tonpapier nach Farben gemäß der Vorlage vorbereitet und an den Verbindungsstellen bereits vorgelocht. (Achtung: dies ist viel Schneidearbeit!)

Gestaltung:

Jede Familie erhält Material für ein Mobile. Eltern und Kinder fädeln zusammen das Mobile auf und nehmen es mit nach Hause.

Taube aus Holz (Schablone Seite 26)

Material:

Sperrholz oder Balsaholz, Wachskreide, Faden.

Werkzeug:

Säge, Handbohrer, Schere.

Vorbereitung:

Geübte Hobbykünstler könnten die »Mengenproduktion« bewältigen: eine Taube für jede Familie.
Holz nach Schablone zuschneiden, mit dem Handbohrer das Loch für die Aufhängung anbringen. Wenn man will, eine große Taube für den Gottesdienst aussägen.

Gestaltung:

Die Kinder bemalen die Taube (Schnabel, Auge, eventuell weiße Wachskreide für das Federkleid, oder etliche Federn ankleben). Faden zum Aufhängen anbringen. Eventuell einen Buchszweig an die Schnabelspitze kleben.

DER REGENBOGEN

Stabfiguren – Die Tiere in der Arche

Material:

Holzstäbe, 60 cm lang, nach Anzahl der Tiere;
A3-Karton in den Tierfarben; Tesakrepp zum Befestigen, dicke Filzstifte.

Werkzeug:

Scheren, eventuell Tacker zum Befestigen

Gestaltung:

Umrisse der Tiere aufmalen (Größenverhältnisse beachten), immer ein Tierpaar ausschneiden. Augen anbringen, mit Tesakrepp am Stab befestigen.

Aufstellen:

Eimer mit Sand füllen oder – wie in Entwurf B (Seite 17) beschrieben – ein Schlauchboot mit Sand füllen, so dass die Stabfiguren gesichert stehen.

Fingerspiel: Es regnet ohne Unterlass...

Spiele

Text	Bewegungen
Es regnet ohne Unterlass, es regnet ohne Ende.	*Beide Hände mit zappelnden Fingern langsam von oben herabsenken.*
Der Regen macht die Füße nass, den Kopf,	*Auf die Füße zeigen. Auf den Kopf zeigen.*
das Kleid,	*Auf das Kleid zeigen.*
die Hände.	*Die ausgestreckten Hände zeigen.*
Und gibt es keine Wolken mehr,	*Eine Hand zeigt zum Himmel und beschreibt die Form von Wolken.*
wird`s endlich wieder hell.	*Die Hand kommt wieder herunter. Rechte Hand mit gespreizten Fingern hochhalten.*
Dann kommt die liebe Sonne her und trocknet alle schnell.	*Dreimal klatschen.*

Aus: Elfriede Pausewang, »Die Unzertrennlichen«, 1. veränderte Auflage 1999, © 1999 Don Bosco Verlag, München

DER REGENBOGEN

Legespiel: Einen Regenbogen legen

Material:

Bunte Tücher oder farbige Kartonstreifen oder farbige Bausteine (im Kindergarten danach fragen).

Vorbereitung:

Auf den Boden mit Kreide oder Tesakrepp einen Bogen skizzieren. Das jeweilige Material liegt bunt gemischt auf dem Boden.

Aufgabe:

1. Welche Farben hat der Regenbogen? Die Kinder benennen die sieben Farben. Die entsprechenden Tücher oder Kartonstreifen oder farbigen Bausteine werden in die Mitte gelegt.

2. Wie sind die Farben angeordnet? Die Kinder legen die Farben von innen nach außen:
violett, indigo, blau, grün, gelb, orange, rot. (Die Farbe indigo erklären.)

3. Gespräch über den Regenbogen:
Wann sehen wir ihn? (Wenn die Sonne scheint und es regnet.)
Was geschieht dabei? (Wasser und Sonnenstrahlen berühren sich.)
Was kann man mit dem Regenbogen nicht tun? (Festhalten, ein Stück mitnehmen, ihn einfangen.)

Schablone: Taube aus Holz
siehe S. 24

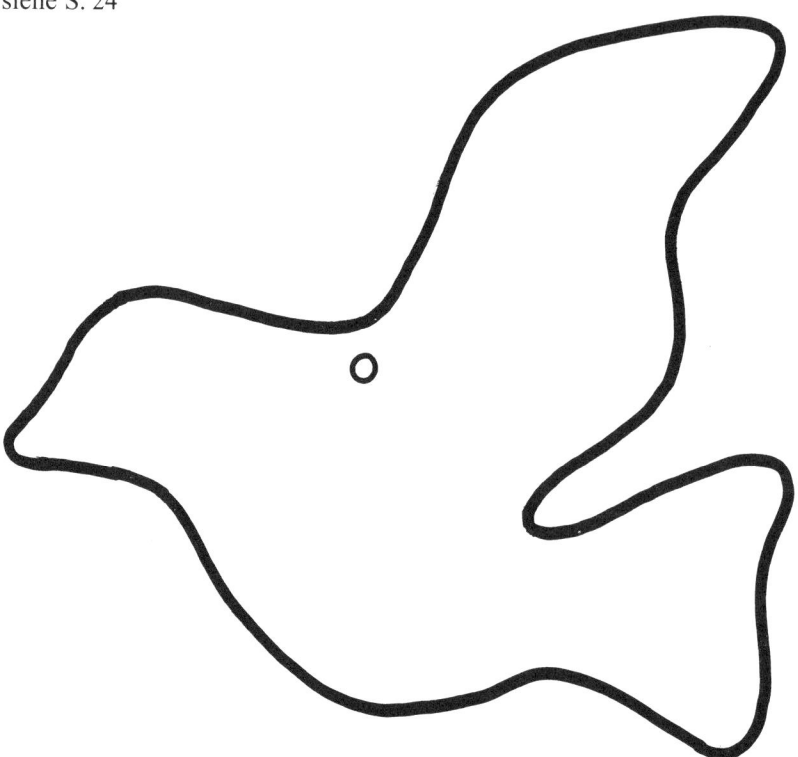

DER REGENBOGEN

Schablonen: Fenstermobile Regenbogen
siehe S. 24

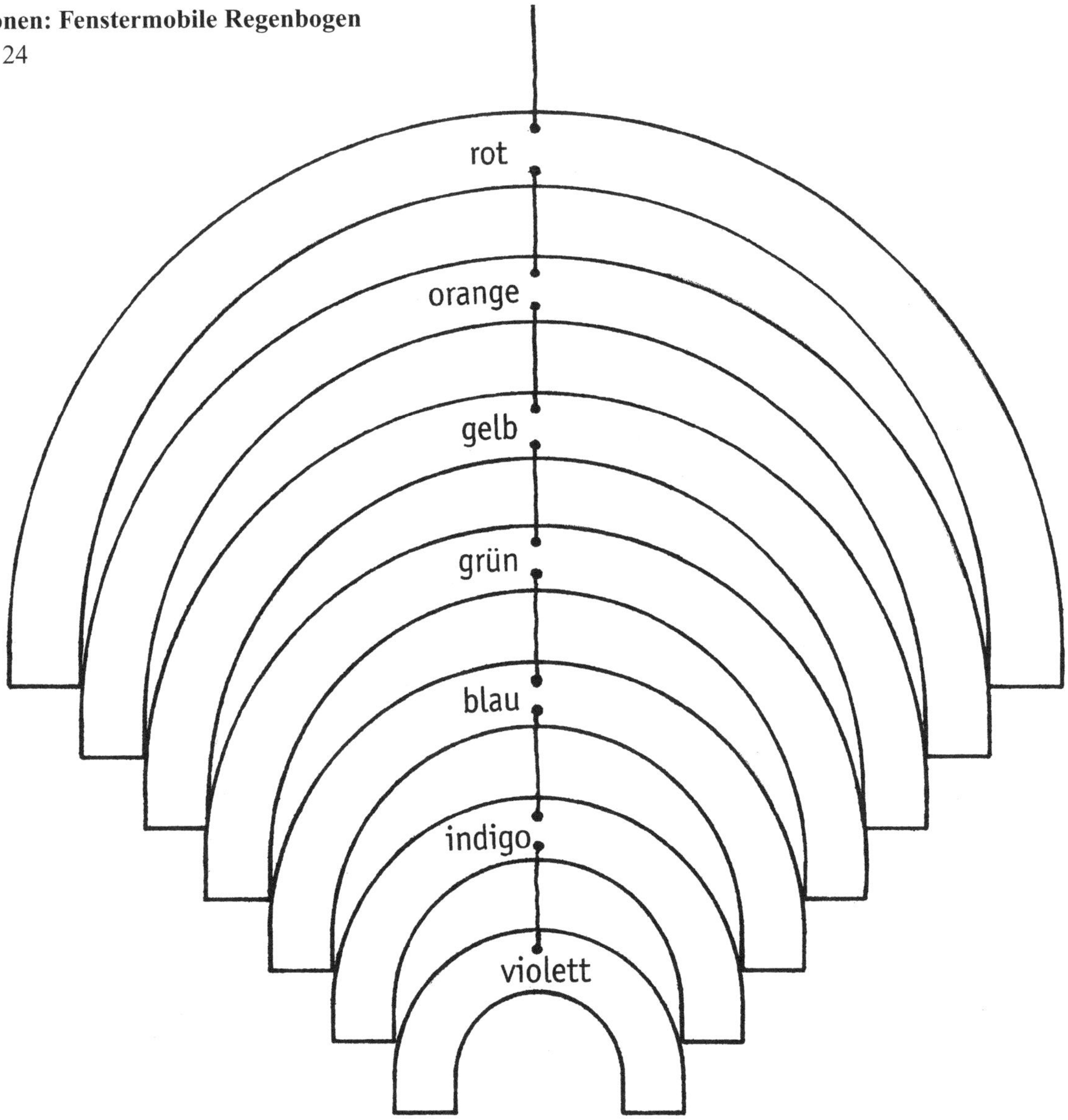

rot
orange
gelb
grün
blau
indigo
violett

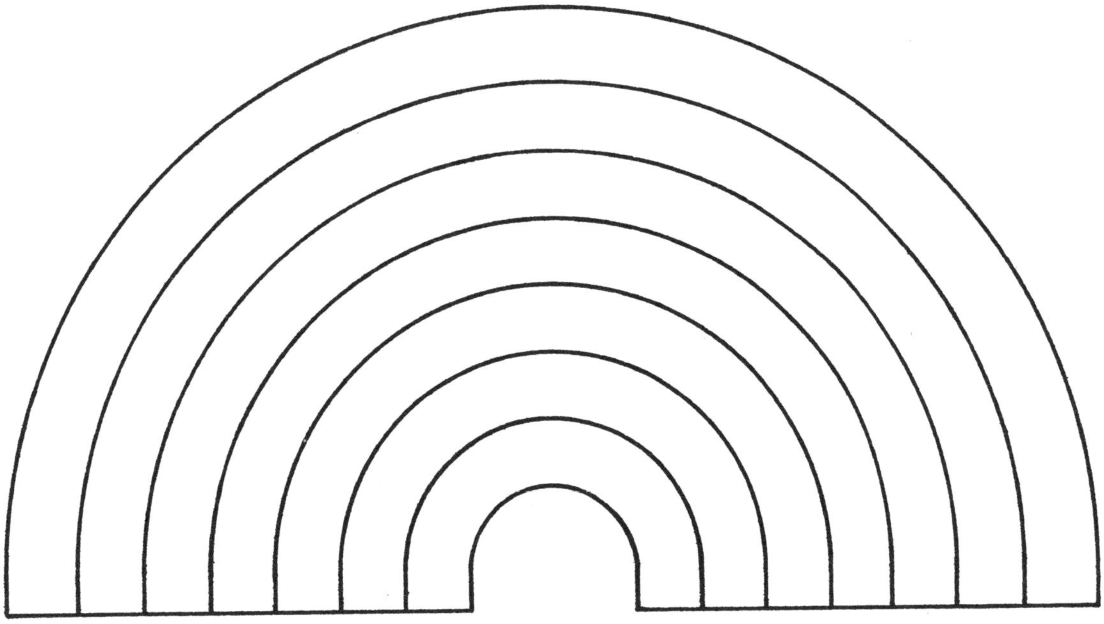

27

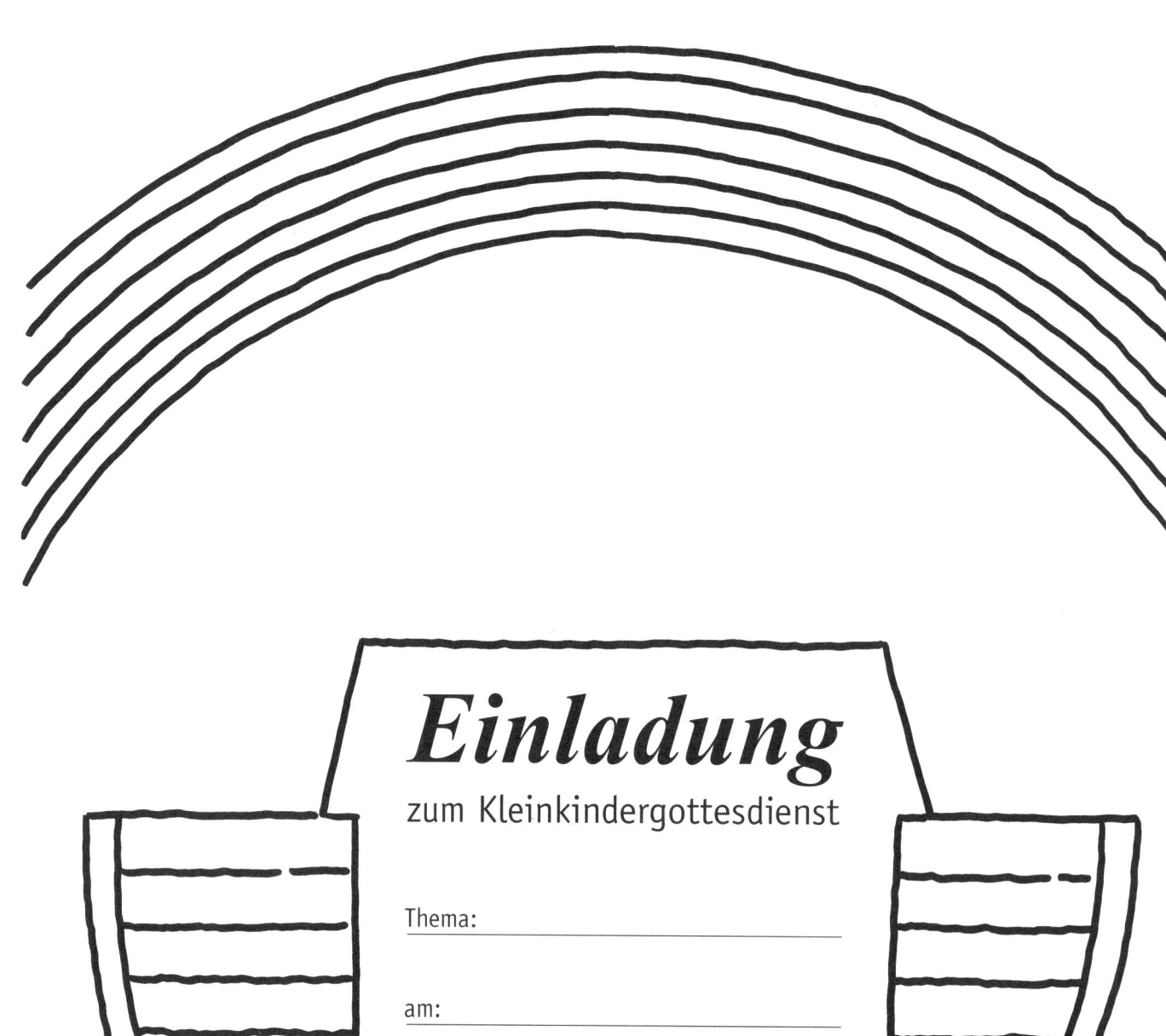

Die Muschel

Nimm dir Zeit für Gottes Wunder (Psalm 8,2)

■ Religionspädagogische Überlegungen

»Achte auf das Kleine, Unscheinbare«: dieses Motto begleitet den Gottesdienstentwurf. Er eignet sich gut in der Zeit vor dem Ferienbeginn. Denn im Familienurlaub haben Väter und Mütter oft mehr Zeit, mit den Kindern Naturentdeckungen zu machen. Der Gottesdienst will dazu anregen.
Warum gerade eine Muschelbetrachtung? Die Muschel gehört zu den Schnekken- und Schalentieren, die sich im Meeresboden in den Sand eingraben. Meistens finden sich nur noch Schalenreste, nicht mehr das Tier. Die Freude an Muscheln ist bei allen Kindern gleich. Wer aufmerksam am Strand sucht (oder, wie hier im Rahmen des Gottesdienstes, im Sand buddelt), wird sie finden und hält ein kleines Naturwunder in Händen. Beim gemeinsamen Gottesdienst wollen wir anregen, Gottes kleine Zeichen in der Natur zu beachten. Als Bibelwort begleitet der Psalmvers: »Herr, unser Herrscher, wir herrlich ist dein Name in allen Landen« (Psalm 8,2).

■ Zur Darbietung und Gestaltung

Im Gottesdienstentwurf steht eine Aktion im Mittelpunkt, die sehr kleinkindgemäß ist: Das Suchen nach Muscheln in einer Sandkiste. Wer sich nicht traut, diese Aktion im Kirchenraum durchzuführen, könnte die Geschichte (Seite 30) und ein Danklied (Seite 31) übernehmen. Wichtig ist, dass die Kinder eine Muschel in die Hand bekommen. Bei Kindern unter drei Jahren nehmen die Eltern die Muschel in die Hand, damit nichts verschluckt wird.

DIE MUSCHEL

Die Muschel – Ein Gottesdienst mit Suchaktion

(Entwurf und Idee: Kirchengemeinde Altbach, C. Hofmann, G. Kandziora, U. Liebau, D. Waschler, D. Zilinski und Pfarrer S. Liebau.)

- **Intention:** Eine Muschel suchen und betrachten. Die kleinen Wunder entdecken.

- **Vorbereitung:**
- Zwei oder drei große Plastikkisten mit Sand füllen, so viele Muscheln eingraben, wie etwa Kinder kommen, die Kisten mit Tüchern abdecken. Ein kleines Zelt (noch eingepackt), ein hellbraunes Tuch (für den Sandplatz) und einen Wasserball.

- **Liturgischer Ablauf:**
- Vorspiel
- Begrüßung
- Glockenläuten (Die Kinder hören zu.)
- Lied: »Gottes Liebe ist so wunderbar« (Seite 113)
- Anspiel (Seite 34)
- Aktion Muschelsuche (Erläuterungen dazu Seite 35)
- Betrachtung (Seite 35)
- Lied: »Du hast uns deine Welt geschenkt« (Seite 116)
- Gebet: »Herr, auf dich traue ich« (Seite 31)
- Vaterunser
- Lied: »Alle Kinder dieser Welt sind dein« (Seite 125)
- Segen, Abschiedsgruß
- Nachspiel

■ Bausteine zum Gottesdienst

Die Erzählung

Das Kind und die Muschel
(Eventuell dazu eine große Muschel zeigen)

Einmal fand ein Kind eine wunderschöne Muschel. Braune und weiße Punkte hatte sie. Sie war gewunden wie ein Turm. Das Kind war glücklich und legte sie zu Hause zu seinen Schätzen.
Eines Tages war das Kind sehr traurig. Es weinte und hatte großen Kummer. Da sah es die Muschel liegen und holte sie. Es legte sich auf den Boden und die Muschel neben sich. »Du bist auch allein«, sagte das Kind, und streichelte über die Windungen der Muschel. Dann legte das Kind ein Ohr an die Muschel. Ganz leise Töne waren zu hören. Es war wie das leise Plätschern der Wellen. Wie ein sanfter Wind, wie eine ruhige Stimme wisperte es aus der Muschel. »Du bist schön«, sagte das Kind, »und du kannst reden. Du hast mir eine kleine Geschichte erzählt.« Das Kind trocknete seine Tränen. »Ich will nicht mehr traurig sein. Ich will mich wieder freuen«, sagte das Kind und lachte wieder.

(Erzählung von Alma Grüßhaber)

Diese Erzählung kann an verschiedenen Stellen des Gottesdienstes eingesetzt werden. Man könnte sie im Rahmen der Begrüßung ebenso verwenden wie anstelle des Anspiels. Dann könnte sich die Betrachtung der Muschel (S. 33) anschließen. Ebenso könnte die Geschichte auch beim Abschluss des Gottesdienstes ihren Platz haben.

DIE MUSCHEL

Gebet zum Anfang (mit Gebärden)

Rituale und Gebete

Text	*Bewegung*
Gott, ich bin da.	*Hände zur Schale geöffnet halten.*
Schenke mir Freude.	*Hände auf Kopfhöhe ausstrecken.*
Gib mir Mut.	*Hände wie eine Schale aufhalten.*
Danke für den Tag vom Morgen bis zum Abend.	*Mit den Händen einen Kreis beschreiben.*

Psalmgebet

Herr, auf dich traue ich.
Ich freue mich und bin fröhlich
über deine Güte.
Ich danke dir von ganzem Herzen
und erzähle alle deine Wunder.
Ich freue mich und bin fröhlich in dir
und lobe deinen Namen, du Allerhöchster.

(Psalm 31, 2a. 8a; 9, 2+3)

Psalm mit Kehrvers

*Herr, unser Herrscher,
wie herrlich ist dein Name in allen Landen.*

    Wir freuen uns, dass du da bist.
    Wir loben dich von ganzem Herzen.
    Ob groß oder Klein,
    alle staunen und sagen: Gott, du bist groß.

*Herr, unser Herrscher,
wie herrlich ist dein Name in allen Landen.*

    Schaut euch die Welt an;
    Vögel in den Bäumen, Schafe auf der Weide,
    Muscheln am Strand. Es ist schön, auf der Welt zu sein.
    Staunt über die Natur. Wunderbar ist alles gemacht.

*Herr, unser Herrscher,
wie herrlich ist dein Name in allen Landen.*

(Gekürzte und veränderte Fassung aus: »Bei dir bin ich zu Hause«, Verlag Junge Gemeinde, Leinfelden-Echterdingen, 2001, Nr. 24)

»Wir singen alle Halleluja« (Seite 112)
»Gottes Liebe ist so wunderbar« (Seite 113)
»Du hast uns deine Welt geschenkt« (Seite 116)
»Was nah ist und was ferne« (Seite 118)
»So viel Freude hast du, Gott« (Seite 120)
»Alle Kinder dieser Welt sind dein« (Seite 125)

Lieder, Bewegung, Tänze

DIE MUSCHEL

Basteln und Gestalten

Muschelkette

Material:

pro Kind 1–3 Muscheln, dünne Lederbändchen oder Schnur, Sprühlack

Werkzeug:

Handbohrer, Schere

Gestaltung:

Muscheln säubern, mit Sprühlack besprühen. Wer mag, kann die Muscheln auch farbig bemalen. Mit dem Handbohrer ein Loch bohren, Lederband oder Schnur durchfädeln, die Muschel festknoten. Es können auch mehrere Muscheln eingeknotet werden.

Eignet sich als Ferienidee. Kann von älteren Kindern als Geschenk oder Erinnerung an den Gottesdienst gestaltet werden.

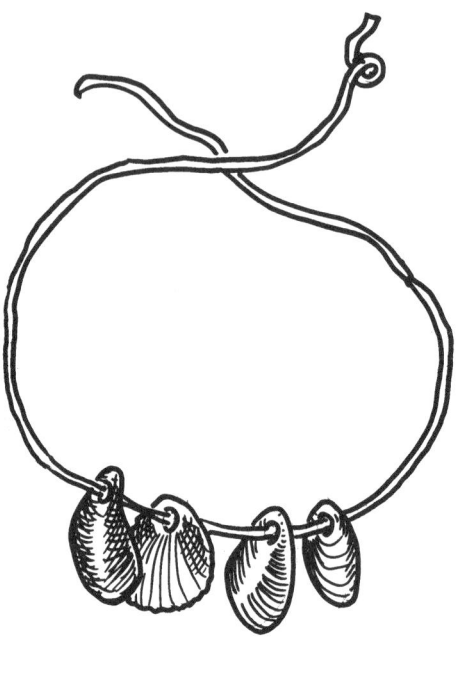

Spiele

Anspiel

(Zwei Mitarbeiter/innen kommen mit der Zelttasche durch den Mittelgang nach vorne.)

1. Mitarbeiter/in:	Endlich Ferien!
2. Mitarbeiter/in:	Jetzt brauchen wir nur noch einen schönen Platz für unser Zelt.
1. Mitarbeiter/in:	Sieh mal, da ist ein schöner Sandplatz, direkt am Wasser. *(Zeigt auf das braune Tuch.)*
2. Mitarbeiter/in:	Dann wollen wir das Zelt mal aufbauen.

(Vorschlag für den Zeltaufbau: Zwei ältere Kinder bitten, die Stangen während des Spiels zu halten.)

Die Muschel

1. Mitarbeiter/in:	Das Zelt ist fertig.
2. Mitarbeiter/in:	Jetzt haben wir Zeit.
1. Mitarbeiter/in:	Ganz viele schöne Sachen haben wir im Urlaub vor.
2. Mitarbeiter/in:	Jetzt gerade möchte ich Ballspielen.
	(Holt den Wasserball und bläst ihn auf.)
1. Mitarbeiter/in:	Vielleicht finden wir noch jemanden zum Mitspielen. Guck mal, da sind ganz viele Kinder. Ob die mitmachen? *(Kleines Ballspiel mit Eltern und Kindern.)*
2. Mitarbeiter/in:	*(beendet das Ballspiel)* Was können wir denn im Urlaub noch Schönes unternehmen?
	(Die beiden Mitarbeiter/innen machen Vorschläge und fragen die Kinder.)
1. Mitarbeiter/in:	Im Urlaub können wir etwas machen, an das wir sonst nicht so oft denken. Wir können uns über die schönen Dinge freuen, die Gott geschaffen hat.
2. Mitarbeiter/in:	Ja, über die Sonne und das Wasser, die schönen Wolken ...
1. Mitarbeiter/in:	Und über die Vögel und die Blumen ...
2. Mitarbeiter/in:	Und über den Sand.
1. Mitarbeiter/in:	Komm, wir machen einen Spaziergang am Strand.
	(Beide gehen.)

Aktion Muschelsuche

Einleitung zur Aktion

Die beiden Urlauber laufen durch den Sand am Strand entlang. Und sie finden im Sand etwas ganz Schönes, ein kleines Wunder. Alle Kinder kommen nun nach vorne. Hier haben wir auch Sand (Sandkästen aufdecken). Ihr buddelt nun ein bisschen. Dann findet ihr das, was die beiden Urlauber am Strand entdeckt haben. Ihr sucht für euch ein Stück und für eure Eltern. Wer etwas gefunden hat, geht wieder an seinen Platz zurück.

(Anmerkung: Etwas Zeit lassen für die Aktion. Eventuell die ersten gefundenen Muscheln allen zeigen, damit auch kleinere Kinder sehen, wonach gesucht wird. Ein/e Mitarbeiter/in hilft an jedem Kasten den kleineren Kindern, dass sie auch eine Muschel finden.)

Betrachtung der Muschel

Schaut euch eure Muschel an. Sie hat verschiedene Farben. Manche Muscheln haben Streifen oder kleine Farbtupfer. Jede Muschel ist anders geformt. Sie kann außen rauh sein oder Kanten haben. Innen ist sie ganz glatt.
(Kinder über ihre Muschel erzählen lassen.)

Wenn wir am Strand nach Muscheln suchen, finden wir meist nur die eine Hälfte. Manchmal sind auch noch beide Hälften zusammen.
(Mit den Händen zwei Muschelschalen formen oder ein geschlossenes Exemplar zeigen.)

Ganz tief innen liegt das kostbare Innere einer jeden Muschel, ganz gut geschützt. So kann ihr das Wasser nichts anhaben und der Sand auch nicht. Gott hat die Muschel, die Vögel, die Bäume, die ganze Natur so wunderbar gemacht. Und auch uns.
Nehmt nun die Muschel in eure Tasche. Immer, wenn ihr sie herausnehmt, erzählt sie euch etwas davon, wie wunderbar sie gemacht ist.

Die Sonne
Ein neuer Tag beginnt (Psalm 84,12)

■ Religionspädagogische Überlegungen

Der Morgen ist für Kinder faszinierend: Der neue Tag, der wieder da ist. Die Sonne, die wach kitzelt und das vertraute Zimmer hell macht; das Gesicht von Mutter oder Vater. Das Kind begrüßt sich selbst; schaut, wie Hände und Füße sich bewegen. Es hüpft aus dem Bett, vergewissert sich, dass die Welt in Ordnung ist.
Ein Tag beginnt eigentlich am Abend. Und so ist die Phantasiereise angelegt: »die dunkle Zeit«, die Schlafenszeit wird aufgenommen. Kinderängste entstehen dort, wo Ungewisses, Bedrohliches ist. Ein Kind braucht die Gewissheit, dass nach der Nacht der neue Tag kommt.
Die Gottesdienste regen an, die Wiederkehr von Tag und Nacht bewusst wahrzunehmen.
Den Kindern wird etwas Vertrautes bewusst gemacht: die Sonne, die Gottes Gestirn ist, die Leben und Wärme gibt. Sie erleben Hell und Dunkel durch Töne und machen die Erfahrung in einer Gruppe: sie sind dabei nicht allein.

■ Zur Darbietung und Gestaltung

Mit diesen Gottesdiensten soll die Erfahrung angeregt werden, dass jeder Tag ein Geschenk von Gott ist. Die Sonne ermöglicht das Leben und Wachsen, sie gibt Wärme und Licht. Im Psalm 84,12 wird sie als Bild für Gott beschrieben:

»Gott, der Herr, ist Sonne und Schild.
Er wird kein Gutes mangeln lassen denen, die auf ihn hoffen.«

Mit dem Kanon »Vom Aufgang der Sonne ...« soll diese Botschaft gesungen und verinnerlicht werden: Gott ist da an jedem neuen Tag. Mit einfachen Worten eines Morgengebetes sollen die Familien angestiftet werden, mit den Kindern jeden neuen Tag zu begrüßen.

ENTWURF A:

Die Phantasiereise kann auf Matten, Decken oder im Stuhlkreis geschehen. Die Kinder werden angeleitet, konzentriert zuzuhören. Das Erleben von Hören-Singen-Beten gehört dazu. Die Frage »Was machen wir mit dem neuen Tag?« lädt zum Erzählen und Benennen ein.

ENTWURF B:

Hier ist ein Rätsellied, eine Legeaufgabe, eine Geschichte und ein Tanz aufgenommen. Der Schwerpunkt liegt auf der Gemeinschaftserfahrung. Auch hier können die Kinder ihre Beobachtungen und Erfahrungen einbringen.

DIE SONNE

Die Sonne – Ein Gottesdienst mit Phantasiereise   `Entwurf A`

(Entwurf und Idee: Kirchengemeinde Mühlacker-Dürrmenz, B. Jurende, K. Lutz, C. Olt, A. Philippzig, B. Straub und Pfarrerin C. Hörnig.)

Intention: Hell und Dunkel in Tönen erleben.

Vorbereitung:

Für den Kirchenraum wird als Dekoration eine Riesensonne vorbereitet (Seite 41).
Musikinstrumente wie Spieluhr, Glockenspiel, Klangstäbe, Xylophon, Becken und Flöten sind bereitgestellt.
Ein Overheadprojektor und eine Leinwand wird aufgestellt. Als Alternative kann man auch mit einer Pinnwand arbeiten.
Die Tätigkeiten der Kinder (spielen, bauen, malen, turnen, schaukeln, essen, trinken, lachen, weinen usw.) werden auf Folie vorgemalt oder als Wandsticker vorbereitet oder von einem »Schnellmaler« dargestellt. (Vom Team jemanden beauftragen, der rasch malen kann.)

Liturgischer Ablauf:

Begrüßung
Refrain: »Ein neuer Tag beginnt« (Seite 39)
Gebet: »Lasst uns den Tag begrüßen« (Seite 36)
Phantasiereise »Wenn wir schlafen, wenn wir aufwachen« (Seite 42)
Lied: »Ein neuer Tag beginnt« (Seite 39)
Gespräch mit Folienzeichnung (siehe unter Vorbereitung)
Kanon: »Vom Aufgang der Sonne« (LJ 268; SL 38; TG 103; MKL 36; LzU I 90)
Gebet: »Vater im Himmel« (Seite 37)
Vaterunser und Segen
Verabschiedung

Die Sonne – Ein Gottesdienst mit Legebild und Tanz   `Entwurf B`

(Entwurf: Alma Grüßhaber)

Intention: Die Sonne ist immer da.

Vorbereitung:

Für das Legebild und den Tanz muss genügend Raum vorhanden sein. Unter Umständen den Tanz deshalb lieber im Vorraum der Kirche oder auf dem Kirchplatz gestalten.
Für das Legebild ein großes gelbes Tuch bereitlegen. Jedes Kind erhält einen Sonnenstrahl (gelber Kartonstreifen, ca. 20 cm lang).
Das Rätsellied sollte von einer Einzelstimme vorgesungen werden. Erst dann mit den Kindern einüben (eventuell mit Flötenbegleitung).

Liturgischer Ablauf:

Orgelvorspiel
Begrüßung
Lied: »Gottes Liebe ist wie die Sonne« (LJ 539; TG 4; MKL 47; LzU I 33)
Gebet: »Die Sonne bringt uns Wärme« (Seite 37)
Rätsellied: »Er bricht durch unsere Scheiben« (Seite 42)
Legespiel: Die Kinder legen eine große Sonne (gelbes Tuch) auf den Boden und setzen sich um dieses im Kreis herum.
Geschichte: »Als die Sonne weg war« (Seite 36, wird im Kreis erzählt).
Kanon und Tanz: »Vom Aufgang der Sonne« (LJ 268; SL 38; TG 103; MKL 36; LzU I 90)
Gebet: »Du höchster, mächtigster, gütigster Herr« (Seite 37)
Vaterunser
Lied: »Der Herr segne dich« (Seite 124)
Segen

DIE SONNE

■ Bausteine zum Gottesdienst

Die Erzählung

Als die Sonne weg war

Eine ganze Woche ist es herrlich warm gewesen. Sieben Tage lang. Jeden Morgen, wenn Jakob und Lena aufwachten, stand die Sonne leuchtend hell zwischen der Kirche und dem neuen Hochhaus.
Aber heute ist der Himmel grau.
»Sie ist weg!« ruft Lena und schaut ganz verdutzt aus dem Fenster.
»Wer?« fragt Jakob.
»Die Sonne!«
Tatsächlich, weit und breit ist nicht das kleinste Sonnenschimmerchen zu sehen!
»Mama! Mama!« schreien Jakob und Lena und laufen in die Küche. »Die Sonne ist weg!«
Die Mama lacht.
»Aber nein! Sie ist nicht weg. Sie hat sich nur hinter den Wolken versteckt. Wenn sie weg wäre, dann wäre es kohlpechrabenschwarze Nacht auf der Erde. Und wir müssten alle erfrieren.«
Jakob und Lena schauen einander an.
»Mich friert!« sagt Lena.
»Mich auch!« sagt Jakob.
Die Mama legt einen Arm um Jakob und einen um Lena und schaut zum Himmel hinauf.
»Dort oben ist sie irgendwo, die Sonne«, erklärt sie. »Ich weiß es ganz sicher. Sie ist immer da, auch wenn wir sie nicht sehen können.«
»Immer – immer – immer?« fragt Lena. Die Mama nickt.
»Wie die Luft!« sagt Jakob.
»Und der Wind!«
»Und der Gott!«
»Ja«, sagt Mama, »genauso!«

<small>Renate Schupp, aus: Domay (Hg.), »Vorlesebuch Symbole«, © Verlag Ernst Kaufmann, Lahr</small>

Die Geschichte dann mit den Sätzen abschließen: Gott schenkt uns die Sonne. Wir freuen uns daran.

Rituale und Gebete

Morgengebet

Lasst uns den Tag begrüßen	
mit Händen	*klatschen*
Mund	*»Juhe« rufen*
und Füßen.	*stampfen*
Mein lieber Gott,	
geh du mit mir	
auf allen meinen Wegen.	*Hände falten*
Für diesen Morgen danke ich dir.	
Gib du mir deinen Segen.	*Hände zur Schale öffnen*

(Mündlich überliefert)

Dankgebet

Vater im Himmel, ich bitte dich um deinen Schutz
für diesen neuen Tag. Du bist über mir und um mich her.

Du bist die Sonne. Du bist der leuchtende Himmel.
Du bist Regen und Wind. Du bist selbst der Weg durch diesen Tag.

Behüte mich vor allem Übel. Behüte alle, die zu mir gehören,
von der Frühe des Morgens an bis zur Ruhe der Nacht.
Ich danke dir, dass du da bist.

(Gebet von C. Hörnig)

Dank für die Sonne

Die Sonne bringt uns Wärme und Leben.
Die Sonne, herrlicher Lichtertanz.
Sie hat allem Farbe und Leuchten gegeben,
die Erde ist hell und voller Glanz.
Gott, danke für die Sonne.

Aus: Regine Schindler, »Gott, ich kann mit dir reden«, © Verlag Ernst Kaufmann, Lahr

Aus dem Sonnengesang des Franz von Assisi

Du höchster, mächtigster, gütigster Herr,
Dir gilt das Lob, die Herrlichkeit, die Ehr und jeder Segen.
Gelobt seist Du, mein Herr, samt allen Deinen Werken.
doch in besonderem Maß durch Schwester Sonne
auf uns herab lässt Du sie täglich scheinen.
Wie schön ist sie; sie strahlt mit großem Glanze.
Von Dir, o Höchster, hat sie ihren Sinn.
Halleluja.

Die Sonne

Lieder, Bewegung, Tänze

Wenn die Sonne ihre Strahlen

1. Wenn die Sonne ihre Strahlen morgens durch das Fenster schießt, dass sie deine Nase kitzelt, bis du, halb im Schlaf noch, niest, hat sie eine lange Reise stets schon hinter sich gebracht, die beginnt, wenn du noch schlummerst, fern im Osten und bei Nacht.

Ritornell: La la la la ra la la, la la la la ra la la, la la la la ra la la, la la la la ra la la.

2. Liegst du noch in schönsten Träumen,
fängt die Sonnenfahrt schon an,
langsam rollt sie über China,
zur Türkei, zum Muselmann,
lässt die Mongolei im Rücken,
war in Russland, in Tibet,
sah Arabien und Indien,
bis sie hier am Himmel steht.
Lalala ...

3. Und gehst du am Abend schlafen,
reist sie weiter um die Welt,
klettert westwärts hinterm Walde,
hinterm Berge oder Feld,
flugs in einen andern Himmel,
den von Cuba und Peru
und weckt dort die Indianer,
und die niesen dann wie du.
Lalala ...

Text: Eva Rechlin; Melodie: Heinz Lemmermann. Aus: DIE ZUGABE, Band 3, Fidula Verlag, Boppard/Rhein und Salzburg

Himmelsau, licht und blau

1. *Einer:* Himmelsau, licht und blau, wieviel zählst du Sternlein?
Alle: Ohne Zahl, soviel mal sei gelobet der ewige Gott!

Dazu: Glockenspiel, Xylophon, 2 Pauken

Die Sonne

2. Gottes Welt,
wohl bestellt,
wieviel zählst du Stäublein?
Ohne Zahl ...

3. Sommerfeld,
uns auch meld:
wieviel zählst du Gräslein?
Ohne Zahl ...

4. Dunkler Wald,
wohl gestalt',
wieviel zählst du Zweiglein?
Ohne Zahl ...

5. Tiefes Meer,
weit umher,
wieviel zählst du Tröpflein?
Ohne Zahl ...

6. Sonnenschein,
klar und rein,
wieviel zählst du Fünklein?
Ohne Zahl ...

7. Ewigkeit,
lange Zeit,
wieviel zählst du Stündlein?
Ohne Zahl ...

(Worte und Weise aus Schlesien)

Ein neuer Tag beginnt

Refrain: Ein neuer Tag beginnt, und ich freu mich, ja, ich freue mich. Ein neuer Tag beginnt, und ich freu mich, Herr, auf dich.

1. Warst die ganze Nacht mir nah,
dafür will ich danken.
Herr, jetzt bin ich für dich da,
diese Stunde ist dein.

2. Noch ist alles um mich still,
und ich kann dich hören.
Was mir heut begegnen will,
du bereitest mich vor.

3. Was mir Angst und Sorgen schafft,
das kann ich dir sagen.
Du selbst gibst mir deine Kraft,
denn ich bin zu schwach.

4. Du begegnest mir im Wort,
Herr, ich kann dich schauen.
Du scheuchst alles Sorgen fort,
erhebst mir das Haupt.

5. Deinen Frieden schenkst du mir,
ich kann dir vertrauen.
Ich bin dein, gehöre dir,
du lässt mich nicht los.

6. Herr, ich weiß der Weg ist gut,
auf dem du mich leitest,
sinkt mir manchmal auch der Mut,
du selbst gehst voran.

7. Und so gehen wir in den Tag
ganz froh und bereitet,
was mir auch begegnen mag,
ich bin nie allein.

Text und Melodie: Helga Poppe, Kreuzbruderschaft, © Präsenz-Verlag, D-65597 Gnadenthal

Er bricht durch unsere Scheiben

1. Er bricht durch uns-re Schei-ben und drückt sie doch nicht ein. Da fragt das neu-e Fens-ter: "Wie kann das mög-lich sein?"

2. Nun taucht er in das Wasser
und wird doch gar nicht nass.
Da fragt der neue Waschtopf:
»Nanu, wer ist denn das?«

3. Er fällt auf meine Nase,
er wärmt mir das Gesicht.
Wir sind die besten Freunde.
Doch mehr verrat' ich nicht.

Text und Melodie: Manfred Hinrich; aus: »Und wo kommt der Spektakel her?«
© Middelhauve Verlags GmbH, München für Der Kinderbuch Verlag, Berlin

Vom Aufgang der Sonne…

Text	Bewegungen
	Aufstellung im Kreis
Vom Aufgang der Sonne	*Hände zeigen nach oben, zur Kreismitte gehen.*
bis zu ihrem Niedergang	*Hände zeigen nach unten, zurück zur Kreisbahn.*
sei gelobet der Name des Herrn,	*Vier Schritte nach rechts gehen.*
sei gelobet der Name des Herrn.	*Stehen, klatschen, sich einmal drehen.*

(Text: Psalm 113,3. Tanzform mündlich überliefert. Melodie: LJ 268; SL 38; TG 103; MKL 36; LzU I 90)

Weitere Lieder:

»Er hält die ganze Welt« (Seite 119)
»So viel Freude hast du, Gott« (Seite 120)
»Du hast uns deine Welt geschenkt« (Seite 116)
»Die Sonne hoch am Himmelszelt« (Seite 117)
»Der Herr segne dich« (Seite 124)

DIE SONNE

Basteln und Gestalten

Legebild Sonne

Material:

gelbes Tuch oder Seidenpapier, Strahlen aus gelbem Karton (ca. 20 cm lang)

Gestaltung:

Die Kinder werden eingeladen, die Sonne zu gestalten: Den Mittelpunkt (gelbes Tuch) und die Strahlen legen. Wer seinen Strahl angebracht hat, setzt sich dahinter auf die Kreisbahn. Ein kurzes Gespräch leitet zur Geschichte über.

Gespräch:

Warum die Sonne für uns alle wichtig ist.
Was wir spüren, wenn sie scheint.
Wenn sie nicht scheint, was ist dann?
Dazu hören wir eine Geschichte.

Riesensonne

Material:

Weißes Leintuch, gelbe und orange Plaka- oder Abtönfarben, dicke Pinsel.

Gestaltung:

Die Größe der Sonne festlegen. Dazu einen Innenkreis vorzeichnen und die Strahlen skizzieren. Dann ausmalen, trocknen lassen und im Kirchenraum aufhängen.

Variante:

1. Die Riesensonne aus Stoffresten gestalten, ausschneiden, auf das Leintuch kleben.

2. Auf die Sonnenstrahlen die Namen der Gottesdienstbesucher schreiben.

Eine Sonne als Anstecker

Material:

Gelbes Tonpapier, Bleistift, Schere, Filzstift. Zum Befestigen einen kleinen Streifen Teppichklebeband.

Gestaltung:

Die Sonnen nach der Schablone (links) aus dem gelben Tonpapier ausschneiden. Die Rückseite mit einem Streifen Teppichklebeband (Doppelklebeband) versehen.
Man kann auch eine Sicherheitsnadel auf der Rückseite mit einkleben, wenn man die Sonne nicht nur anheften, sondern anstecken will. Dann verwendet man normalen Tesafilm.
Die Sonnen können mit dunklem Filzstift auch noch ein Gesicht aufgemalt bekommen.
Die Sonnen-Anstecker werden zur Eröffnung des Gottesdienstes verteilt und mit den Namen der Teilnehmer beschriftet.

Die Sonne

Sonnenblume als Fensterschmuck

Material:

Tonpapier oder Fotokarton in den Farben grün, braun und gelb

Werkzeug:

Bleistift, Schere, Nadel, Faden, Klebstoff

Gestaltung:

Sonnenblume aus dem gelben Tonpapier ausschneiden (Schablonen siehe S. 44), Mittelpunkt aus braunem Tonpapier schneiden und aufkleben. Das grüne Blatt zuschneiden und mit einem Faden an der Blüte anbringen.

Tipp: Könnte als Bastelidee den Gottesdienstbesuchern mitgegeben werden.

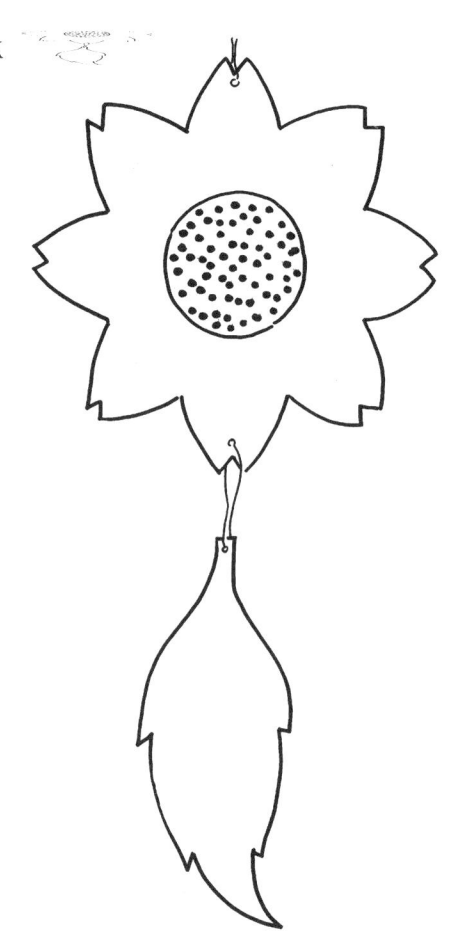

Spiele

Phantasiereise »Wenn wir schlafen, wenn wir aufwachen«

Rede	Musik
Wir legen uns hin, hören die Spieluhr und schließen die Augen. Es ist dunkel – eine rabenschwarze Nacht.	*Spieluhr*
Da kommen kleine Sterne zum Vorschein. Winzige Punkte am Himmel – kleine Lichter.	*Glockenspiel: c e g e c*
Und große Sterne erscheinen am Himmel. Immer mehr Sterne strahlen auf. Der ganze Himmel ist voll davon.	*Klangstäbe: h d e d h*
Da erscheint auch der Mond. Warm und hell scheint er zwischen all den Sternen. Es ist nicht mehr dunkel. Gott hat für uns den Mond und die Sterne gemacht in der Nacht.	*Xylophon: Erst die Tonleiter zum Aufgehen und dann die Töne: c e*

Die Sonne

Doch es bleibt nicht immer Nacht. Die kleinen Sterne verlieren ihr Licht, und die großen Sterne.	*Kleine Sterne:* *Glockenspiel – Tonleiter runter* *Große Sterne:* *Klangstäbe – Tonleiter runter*
Selbst der Schein des Mondes wird schwächer und schwächer.	*Mond:* *Xylophon – Tonleiter abwärts*
Ganz langsam weicht die dunkle Nacht. Es dämmert schon ein wenig. Und dann – dann erscheint die Sonne. Die Sonne ist da und schickt ihre Strahlen zu deiner Nase. Die Sonne kitzelt dich wach.	*Glockenspiel: clissando* *Beckenschlag* *Instrumente spielen leise*
Da wachen die Kinder auf, sie räkeln sich und strecken sich. Die Augen gehen auf. Sie stehen auf und schauen sich um, wer alles da ist.	*Lied auf der Flöte spielen:* *»Ein neuer Tag beginnt ...«*

Im Anschluss können alle gemeinsam das Lied singen: »Ein neuer Tag beginnt ...«. Gemeinsam kann überlegt werden, was man mit dem neuen Tag machen könnte (spielen, malen, frühstücken, lesen, herumtollen, lachen und weinen). – Wir können Gott den ganzen Tag mit allem, was wir tun, loben und ihm danken.

**Schablonen:
Sonnenblume als
Fensterschmuck**
siehe S. 42

Einladung
zum Kleinkindergottesdienst

Thema: _____

am: _____

in: _____

Augen können sehen

Gottesdienste zur Bartimäusgeschichte (Markus 10,46–55)

■ Religionspädagogische Überlegungen

Das Kind begreift die Welt durch Schauen. Was die Augen sehen, wird verinnerlicht. Zum Sehakt kommt das Greifen, Schmecken, Fühlen. Dass Sehen ein ganzheitlicher Akt ist, merken die Eltern recht früh. Das Kind bewegt die Augen und erwidert ihr Lächeln.

Nicht sehen können ist für Kinder unfassbar und bedrohlich. In den Versteckspielen (Hand vors Gesicht, »Guckguck sagen«) wird dies immer wieder überwunden: die geliebte Person kann ich sehen, wenn ich die Augen aufmache. Jüngere Kinder meinen, wenn sie die Hand vors Gesicht nehmen, seien sie nicht mehr zu sehen.

Schrecklich ist es auch, wenn es dunkel ist, und ich niemand sehe. Viele Kinder brauchen nachts ein Licht im Zimmer.

Blindsein muss ein Kind nicht verstehen. Dass ein blinder Mensch sich in der Welt zurechtfindet, ohne zu sehen, ist selbst für Erwachsene etwas Unbegreifliches.

Wenn wir im Gottesdienst den Kindern von Bartimäus erzählen, dann zeigen wir einen Menschen, der eine neue Erfahrung macht: Jesus ruft ihn zu sich, sieht ihn an und heilt ihn. Wir erzählen von Jesus, dem Gottessohn, der die Not eines Menschen ansieht und ihm das Augenlicht wieder schenkt. Zurück bleibt ein dankbarer und fröhlicher Bartimäus. Aus dieser Geschichte sollen die Kinder hören: sehen können ist ein Geschenk Gottes.

Mit dem Hinsehen auf den Lebensweg von blinden Menschen wollen wir verdeutlichen, dass es Leben nicht ohne Leid oder Eingrenzung gibt. Auch unseren Kindern wird viel Hoffnungslosigkeit begegnen: in den Bildern von Hunger und Krieg, auch im Anblick von Menschen mit Behinderungen oder gar durch eigene Krankheit.

Wenn die Lebensgeschichte von Helen Keller für kleine Kinder erzählt wird, soll damit verdeutlicht werden: kein Leben ist ohne Hoffnung. Gott schenkt uns sehende Augen und hörende Ohren, damit wir mithelfen, dass es allen Menschen gut geht. Vielleicht hat hier das Gebet seinen besonderen Platz: die Dankbarkeit für die Gabe des Sehens und des Hörens. Die Bitte, dass Gott den Menschen, die Leid zu tragen haben, Geborgenheit und Mut zum Leben schenkt.

■ Zur Darbietung und Gestaltung

Der Text aus Mk 10,46–52 (Parallele Lk 18,35–43) ist eine schlichte Erzählung. Blinde Menschen gab es immer. Zur Zeit Jesu waren sie auf das Betteln angewiesen, da es keine soziale Unterstützung gab. Der Erzähler lenkt jedoch den Blick nicht auf die soziale Not, sondern auf das Handeln Jesu. Dass Bartimäus nicht passiv ist, wird an seinem Schreien deutlich.

AUGEN KÖNNEN SEHEN

Was in der Geschichte passiert:

Vers 47:	Bartimäus macht auf sich aufmerksam.
Vers 49:	Jesus geht nicht vorüber, sondern hält inne und sagt »ruft ihn« (und nicht »bringt ihn her«).
Vers 50:	Bartimäus wirft seinen Mantel ab (Ehrerbietung!), springt auf und geht zu Jesus. (Er geht alleine!)
Vers 51:	Frage und Antwort: Jesus: Was willst du? – Bartimäus: Ich will sehen!
Vers 52:	Weil Bartimäus glaubt und hofft, verändert sich sein Leben. Von nun an sieht Bartimäus und folgt Jesus auf dem Weg.

In dieser Erzählung hören jüngere Kinder, was sie so nötig brauchen: Alles wird wieder gut. Erwachsene Zuhörer erfahren: Wer Jesus vertraut, erlebt Wunder.

ENTWURF A:

Sehen ist auch fühlen, berühren, tasten. Damit sollen die Kinder in einem der beiden Gottesdienstentwürfe vertraut gemacht werden. Eine Tastkiste wird vorbereitet. Eine »Tastkarte« gibt es zum Mitnehmen. Die Einführung setzt beim Kind an: Was ich sehen kann. Die Erzählung ist schlicht gehalten. Vielleicht sind ein paar einführende Worte nötig, z. B. so: Wir hören heute von Jesus, dem Gottessohn. Er lebte auf der Erde und ist vielen Menschen begegnet. Einmal kam er in eine Stadt. Dort wohnte ein Mann. Der hieß Bartimäus und konnte nicht sehen. Er war blind ...

ENTWURF B:

Der Gottesdienstentwurf eignet sich für Kinder ab 4 Jahren oder als Gottesdienst im Kindergarten.
Sehen ist bewusstes Wahrnehmen und Worte dafür finden. Zur Einführung in das Thema werden »Seh-Übungen« gemachen: Gegenstände im Kirchenraum werden angeschaut, ferne Dinge und ganz nahe – z.B. das Gesicht der Eltern oder die eigenen Hände.
Wer nicht sehen und nicht hören kann, braucht andere Menschen, die mit ihm die Welt begreifen.
Das Riesenbilderbuch soll in 6–8 Bildern nahebringen, wie die kleine Helen Keller das Leben lernt.

Augen können sehen

Entwurf A

Augen können sehen – Bibelgeschichte
(Entwurf und Idee: Kirchengemeinde Wannweil, M. Bischof, S. Czebeka, S. Lutz und Pfarrer S. Schanz)

Intention: Die Welt mit den Händen sehen.

Liturgischer Ablauf:
- Glockenläuten
- Lied: »Kommt alle her« (Seite 114)
- Psalmgebet: »Gott behütet mich« (Seite 51)
- Aktion Schauen (Seite 54)
- Aktion Tastkiste (Seite 53)
- Lied: »Hände können fassen« (Seite 52)
- Geschichte von Bartimäus
- Lied: »Hände können fassen« (Seite 52)
- Gebet: »Guter Gott, ich danke dir« (Seite 51)
- Vaterunser
- Segenslied: »Guter Gott, danke schön« (Seite 121)
- Austeilen der Fühlkarte (Beschreibung Seite 53)

Entwurf B

Entwurf B: Ich sehe was, was du gleich siehst
(Alma Grüßhaber)

Intention: Eine Geschichte hören und sehen.

Liturgischer Ablauf:
- Begrüßen
- Lied: »Augen hast du mir gegeben« (Seite 52)
- Psalmgebet: »Gott behütet mich« (Seite 51)
- Sehspiel (Seite 55)
- Lied: »Das wünsch ich sehr« (LJ 488; SL 218; MKL 5)
- Geschichte von Helen Keller (erzählen und als Riesenbilderbuch gestalten)
- Lied: »Guter Gott, danke schön« (Seite 121)
- Gebet: »Guter Gott, ich danke dir« (Seite 51)
- Vaterunser
- Segenswort

■ Bausteine zum Gottesdienst

Die Erzählung

Die Bibelerzählung – Bartimäus

Jesus ist in der Stadt Jericho. Dort lebt auch ein Mann, der heißt Bartimäus. Er kann nicht sehen. Er ist blind. Alle Tage sitzt er am Straßenrand. Er bettelt um Brot. Manchmal bekommt er genug zu essen, manchmal hört er nur die Gespräche der Menschen, die vorübergehen. Die Leute erzählen ihm, dass Jesus in der Stadt sei.
»Bartimäus«, sagen sie, »Jesus erzählt von Gott. Er hilft den Menschen. Er hat alle Menschen lieb.«
An einem Tag sitzt Bartimäus an seiner Straßenecke. Immer wieder hält er die Hand nach oben. »Helft mir, bitte«, sagt er zu den Vorübergehenden. Dann hört er Stimmen. Viele Menschen laufen an ihm vorüber. »Jesus ist da«, sagen sie. Da richtet sich Bartimäus auf. Laut ruft er: »Jesus, hilf mir. Jesus,

hilf mir.« Die Leute schimpfen. »Sei still, Bartimäus! Jesus hat keine Zeit für dich«, sagen sie. Aber Bartimäus schweigt nicht. Laut ruft er wieder »Jesus, hilf mir!«

(*Erzähler:* Und wir unterstützen Bartimäus, indem wir jetzt alle rufen: »Jesus, hilf mir!« Alle: »Jesus, hilf mir!«)

Da bleibt Jesus stehen. Er sagt: »Ruft diesen Menschen her. Er soll zu mir kommen.«

Jetzt sagen die Leute zu Bartimäus: »Freu dich, Jesus ruft dich.« »Steh auf, geh zu ihm!«

Bartimäus wirft seinen Mantel weg. Er tastet sich durch die Menschenmenge. Und dann hört er die Stimme von Jesus. Dieser fragt: »Was willst du von mir?« Bartimäus antwortet: »Jesus, mach meine Augen wieder gesund. Ich möchte wieder sehen.« Jesus sagt: »Ich will es tun. Dein Glaube hat dir geholfen. Geh heim!«

Die Leute sind ganz still. Auch Bartimäus. Und dann hebt er sein Gesicht und schlägt die Augen auf. Bartimäus sieht. Er kann nach langer, langer Zeit wieder sehen. Er sieht Jesus. Er sieht die Sonne und den Himmel. Er sieht die Blumen und die Bäume. Und er freut sich. Er tanzt, singt und staunt über alles, was er nun sehen kann. Und Bartimäus lässt alles stehen und liegen. Er geht mit Jesus.

(Nacherzählt von M. Bischof)

Die Geschichte von Helen Keller

(Die Bildangaben in Klammern bei den einzelnen Textabschnitten beziehen sich auf den Bastelvorschlag »Riesenbilderbuch« S. 53)

Vor vielen Jahren wurde ein kleines blondes Mädchen geboren. *Bild 1*
Seine Vater und seine Mutter hatten große Freude.
Das Mädchen war ihr erstes Kind.
Es hieß Helen Keller.

Einmal wurde Helen schwer krank.
Als sie wieder gesund war,
merkte man,
dass sie nichts mehr sah,
dass sie nichts mehr hörte.

Sie war blind und taub geworden. *Bild 2*
Sie wurde größer, sie spielte, sie aß, sie lief.
Aber man konnte ihr nichts erklären,
nichts sagen, nichts zeigen.

Wir können sehen. Wir wissen, dass der Himmel blau ist.
Wir sehen das Lächeln von Mama und von Papa.
Wir sehen die Tiere und alles,
was im Haus und auf der Straße,
auf den Feldern und überall geschieht.

Helen sah nichts.
Wir hören.
Wir hören die Stimme von Mama und von Papa.

Wir hören die Tür, die zufällt.
Wir hören den Lärm der Autos und wir hören Musik.

Helen hörte nichts.
Wer taub ist, kann nicht sprechen
und darum nicht sagen, was er will.
Wer taub ist, hat keine Wörter im Kopf.
Zum Denken braucht man Wörter.

Bild 3

Helen hatte nichts.
Häufig wurde sie wütend und zerstörte alles, was sie fand.
Sie zerriss ihre Kleider.
Sie aß mit den Fingern
sie schmiss die Teller auf den Boden.
Manchmal schlug sie ihre kleine Schwester und schrie.
Dann weinten ihre Eltern.
Sie wollten ihr helfen.
Gerne hätten sie ihr gesagt: Wir haben dich sehr lieb.

Bild 4

Als Helen sieben Jahre alt war, hatten die Eltern eine gute Idee.
Sie baten eine Lehrerin, bei ihnen zu wohnen.
Sie kannte viele Spiele für blinde Kinder.
Sie war sehr geduldig mit Helen und brachte ihr viele Dinge bei:
Perlen aufziehen, stricken, nähen,
runde und eckige Dinge abtasten und ordnen.
Ganz allmählich wurde Helen freundlich und fröhlich.
Sie konnte zwar ihre Augen und ihre Ohren nicht benutzen;
aber mit den Händen versuchte sie, die Dinge zu verstehen.

Bild 5

Mit den Händen lernte sie sprechen.
Die Lehrerin tippte ihr Wörter in die Hand:
»Papa«, »Mama«, »Helen«.
Helen begriff, dass alles einen Namen hat:
die Sachen, die Tiere, die Menschen.

Bild 6

Dann lernte Helen lesen.
Ihre Finger folgten den Buchstaben der Blindenschrift.
Später gelang es ihr, mit ihrer Stimme zu sprechen.
Aber das war schwierig, weil sie nie hörte, was sie sagte.

Bild 7

Helen wurde eine gute Schülerin.
Sie machte eine gute Prüfung in der Schule.
Sie wurde berühmt.
Helen reiste viel mit ihrer Lehrerin.
Sie fuhren in alle Länder.
Sie erklärten den Menschen,
dass man taube und blinde Kinder ganz besonders betreuen muss;
denn auch solche Kinder sollten etwas verstehen und lernen.
Vor allem aber sollten sie glücklich werden.

(Gekürzte Wiedergabe nach dem Bilderbuch »Helen lernt leben« von Regine Schindler«
© Verlag Ernst Kaufmann, Lahr)

AUGEN KÖNNEN SEHEN

Rituale und Gebete

Guter Gott ich danke dir,
dass ich die Welt sehen kann:
die Farben der Blumen,
den blauen Himmel und die Wolken,
das Lächeln im Gesicht meiner Mutter.
Danke, dass ich so wunderbar gemacht bin.
Ich freue mich und lobe dich, guter Gott.

(Gebet von Alma Grüßhaber)

Dank für die Sonne,
Dank für den Wind,
Dank für die Menschen, die um mich sind.
Dank für die Tage.
Dank für die Nacht.
Dank auch für jeden, der für mich wacht.

(Aus einem Jungscharlied)

Psalm 121

Gott behütet mich.
Er behütet mich auf allen Wegen, heute und immer.

> Manchmal schaue ich hin und her
> Ich sehe nichts mehr. Alles ist finster.
> Dann fällt mir ein: Gott ist bei mir.
> Ich bin nicht allein.

Gott behütet mich.
Er behütet mich auf allen Wegen, heute und immer.

> Gott schläft nicht. Er führt mich bei jedem Schritt.
> Auch wenn ich nichts sehe,
> er leitet meine Hand,
> bei Tag und bei Nacht.

Gott behütet mich.
Er behütet mich auf allen Wegen, heute und immer.

(Nach: Lutz Geiger, Gottfried Mohr, »Bei dir bin ich zu Hause, Texte für die Liturgie im Gottesdienst mit Kindern«, Verlag Junge Gemeinde, Leinfelden-Echterdingen 2001)

AUGEN KÖNNEN SEHEN

Lieder, Bewegung, Tänze

Hände können fassen

Hän-de kön-nen fas-sen und auch wie-der las-sen;
Au-gen kön-nen se-hen, Fü-ße kön-nen ge-hen.
Je-des Glied ist wich-tig, keins zu klein und nich-tig.
Ich ge-hör da-zu, du ge-hörst da-zu.

Text und Melodie: Wolfgang Longardt; aus: »Katechetische Spielmappe 4«, © Verlag Ernst Kaufmann, Lahr

Augen hast du mir gegeben

Einer: Au-gen hast du mir ge-ge-ben. Herr, ich dan-ke dir. Alle: Ja,
Au-gen brau-chen wir zum Le-ben. Herr, wir dan-ken dir.

Text und Melodie: Dietrich Petersmann; aus: Kinderbibelwoche »Ich bin einmalig«, Ev. Bildungswerk Berlin 1979

Manchmal bin ich blind

Strophen
1. Manch-mal bin ich blind. Ich weiß nicht aus noch ein. Ich
se-he al-les schwarz und kei-nen Son-nen-schein. Dann
such ich ei-nen Men-schen, der mir Hoff-nung gibt. Der
mich bei mei-nen Hän-den fasst und mich liebt.

Refrain
Je-sus von Na-za-reth, hilf mir, Herr!

Franz Kett, Liederheft »Herr, befreie mich«, S. 3. Alle Rechte im RPA Verlag, Landshut

AUGEN KÖNNEN SEHEN

Weitere Lieder:

»Kommt alle her« (Seite 114)
»Guter Gott, danke schön« (Seite 121)
»Das wünsch ich sehr« (LJ 488; SL 218; MKL 5)
»Du gabst mir Augen« (SL 301)

Fühlkarte

Basteln und Gestalten

Material:

Bierdeckel (ohne Aufdruck) oder Kartonstücke in der Größe einer Postkarte.
Schafwolle, Kieselsteine, Korkscheiben, Körner, usw.

Werkzeug:

Heiß-Klebe-Pistole

Gestaltung:

Den Bierdeckel oder das Kartonstück in vier Felder einteilen. Mit der Klebepistole bestreichen und die Materialien aufkleben. Gut trocknen lassen. Darauf achten, dass alles optimal aufgeklebt wird.

Tastkiste

Material:

Mehrere Schuhkarton, verschiedene Materialien: Holzwolle, Laub, Heu, Steine, Bausteine, Stoffreste, Knöpfe usw.

Werkzeug:

Papiermesser, Schere

Gestaltung:

An der schmalen Seite des Schuhkartons ein rundes Loch zum Greifen herausschneiden. Das jeweilige Material in die Kiste füllen. Es können auch 2–4 Gegenstände hineingelegt werden.

Riesenbilderbuch

Material:

Karton in Größe A3 oder noch größer, Plakafarben und Naturmaterialien, Klebstoff.
Eventuell den Karton mit weißem Papier überziehen. Wollreste für eine Kordel.

Werkzeug:

Papiermesser, Pinsel, Schere, Bleistift

Gestaltung:

Vorher die Buchseiten festlegen (siehe Erzählung S. 49f):

Bild 1:
Helen als Baby mit den Eltern

Bild 2:
Helen als kleines Mädchen, alleine gelassen

Bild 3:
Helen als zorniges Kind

Bild 4:
Helen »tastet«: Blume, Zweig, Stoff, Wolle, Perlenschnur, Päckchen ...
Tastmaterial aufkleben, nach der Erzählung dürfen es die Kinder mit den Händen »anschauen«.

Bild 5:
Helen redet: In Gebärdensprache »Papa« aufmalen.

Bild 6:
Helen liest: In Brailleschrift »Helen« aufmalen (Blinden-Alphabet: Seite 54)

Bild 7:
Helen ist eine junge Frau und reist mit ihrer Lehrerin durch die Welt.

Die »Buchseiten« werden gelocht und mit einer Kordel zusammengebunden. Die Rückseiten bleiben dabei jeweils frei.

53

AUGEN KÖNNEN SEHEN

A	B	C	D	E	F	G	H	I	J	K	L	M	N
O	P	Q	R	S	T	U	V	W	X	Y	Z	IE	!

Das deutsche Blinden-Alphabet

Spiele

Aktion Schauen
(Blindenstock und Punktbinde dafür ausleihen)

Wir wollen unser Gesicht genau anschauen. Weil wir das eigene Gesicht nicht sehen, schauen wir den Nachbarn an. Was sehen wir?
— die Augen
— die Nase
— den Mund
— die Haarfarbe
— die Hautfarbe
— die Augenfarbe

Um zu sehen, brauchen wir die Augen. Damit wir sehen, wo wir sind: zu Hause, im Kirchenraum, auf der Straße. Damit wir die Sonne sehen, die Blumen, die Bäume, auch das Gesicht der Mutter oder des Vaters oder uns selbst im Spiegel.

Zum Spielen brauchen wir die Augen: zum Rennen, Hüpfen, Schaukeln (Kinder weitere Beispiele aufzählen lassen). Wenn wir nichts sehen, bewegen wir uns ungeschickt. So ist es für Menschen, die nicht sehen. Sie brauchen eine Hilfe: einen Blindenstock etwa, damit sie die Hindernisse spüren. Oder eine Armbinde, damit die anderen Leute sehen: da ist jemand, der blind ist.

Wir sind alle nicht blind. Ich habe eure strahlenden Augen gesehen, als ihr vorher in die Kirche hereingekommen seid. Wir können aber ein bisschen nachfühlen, wie das ist, blind zu sein. Wenn wir die Augen schließen, sehen wir nichts. Das machen wir jetzt alle:
— Schließt eure Augen.
— Streckt eure Hand aus und sucht die Bank vor euch. Findet ihr den Huthaken, die Ablage, das Liedblatt?
— Tastet einmal die Kirchenbank ab: Spürt ihr das Holz, die Fugen, die Risse oder das Polster? So ist es für blinde Menschen. Sie müssen mit den Händen sehen.
— Jetzt öffnen wir unsere Augen wieder.

(Andere Variante: Einen Gegenstand zum Fühlen durchgeben oder auf Orgelmusik hören.)

Einige von euch machen jetzt eine Probe. Hier haben wir Schachteln, in die wir nicht hineinschauen, sondern nur die Hand hineinstrecken können.
(Schachtel hinhalten. Zwei oder drei Kinder kommen nach vorne und fassen hinein und erzählen den anderen, was sie spüren.)
Nach dem Gottesdienst können alle Kinder in die Schachteln fassen.

Sehspiel

Material:

Einen Punktleuchter mitbringen, damit verschiedene Gegenstände im Kirchenraum angestrahlt werden können. Ebenso einen Blindenstock und eine Blindenbinde.

Einführung:

Heute machen wir ein Sehspiel. Ihr seid vielleicht zum ersten Mal in der Kirche, vielleicht seid ihr schon öfter dagewesen. Aber alle können mitmachen. Wir brauchen unsere Augen. Ein Licht leuchtet auf. Dann schaut ihr ganz genau dorthin und wir erzählen uns, was wir sehen:

Altar:
(Nach den Farben und Formen fragen: groß, hell, warm. Erläutern, was ein Altar ist.)

Kreuz:
(Symbol erklären.)

Kanzel / Ambo (Lesepult):
(Erklären, wofür man eine Kanzel / einen Ambo braucht.)

Taufstein / Taufbecken:
(An die Taufe erinnern. Erklären, was bei der Taufe hier geschieht.)

Orgel:
(Erklären, wie die Orgel gespielt wird.)

Kirchenfenster:
(Bedeutung erklären.)

Besondere Bilder, Gemälde u.ä.:
(Eventuell kurz erklären, wenn es für die Kirche sehr wichtig ist, z.B. Kirchenpatron, Stifterfiguren u.ä.)

So viel können wir sehen. Wir haben Augen. Ein Licht hat uns geholfen. Wir machen nun das Licht in der Kirche aus. Merkt ihr, wie es dunkel wird? Jetzt müssten wir umhergehen, um die Dinge besser zu sehen. Wisst ihr, wie die Menschen zurechtkommen, die nicht sehen?
(Blindenstock und Blindenbinde zeigen.)

Wir Sehende können nur »blind« spielen. Macht jetzt einmal eure Augen zu. Wisst ihr noch, wo der Altar ist, wo die Kanzel, wo das Kreuz oder die Orgel? Zeigt darauf. Wenn wir die Augen wieder öffnen, sehen wir alles wieder. Wer nicht sieht, braucht Menschen, die ihm helfen. Wer nicht hört, genauso. Schließt einmal die Augen und haltet die Ohren zu. Es ist dunkel und jeder ist irgendwie allein.
(Eventuell einige Hörübungen machen.)

Was hilft einem Menschen, der nicht sieht und nicht hört? Wir hören dazu die Geschichte eines kleinen Mädchens, das Helen Keller hieß.

Literatur:

Anne Marchon, »Helen lernt leben. Die Kindheit der taub-blinden Helen Keller«; Bilder von Colette Camil; ins Deutsche übertragen von Regine Schindler; Verlag Ernst Kaufmann, Lahr, 3. Auflage 1997

II. TEIL

Tiere mag ich

Nur wer Schöpfung liebt,
kann Schöpfung retten.
Hartmut von Hentig

Zum Thema

Dazu wollen wir anstiften

Tiere sind unsere Mitgeschöpfe. Das Thema will anregen, verschiedene Tiere, ihre Schutzbedürftigkeit und ihre Besonderheiten näher kennenzulernen. Die verschiedenen Ideen laden Kinder und Eltern ein, Tiere besser wahrzunehmen, darüber zu staunen und alles dafür zu tun, dass sie geschützt und bewahrt bleiben.

Kleine Vögel, Schmetterlinge und kleine Kücken brauchen Schutz. Gerade kleine Tiere besonders zu behüten, ist eine natürliche Reaktion, die in uns angelegt ist. Sie soll in den Kindern gefördert werden.

Der Walfisch gehört zur Geschichte von Jona. Der Walfisch ist ein mächtiges Tier, das zunächst eher bedrohlich erlebt wird. In der Geschichte bekommen die Kinder ein anderes Bild dieses Tieres. Es wird dem Menschen zur Hilfe geschickt.

Theologische Überlegungen: Wie wir von der Schöpfung reden

In der Schöpfungsgeschichte wird erzählt, dass der Mensch allen Tieren einen Namen gibt. Vielfach wurde dies im Sinne einer uneingeschränkten Beherrschung des Menschen über die Natur und besonders über die Tierwelt interpretiert. Ist damit aber nicht vielmehr ausgedrückt, dass der Mensch der Patron, der Beschützer der Tiere sein soll? Auch auf Grund der negativen Erfahrungen, die wir mit der industriellen Verwertung von Tieren seit längerem machen, wächst zunehmend ein Bewusstsein für einen anderen Umgang mit Tieren: artgerechte Haltung, natürliche Schutzzonen, Schutz bedrohter Tierarten.

Das Umdenken hat aber gerade erst begonnen. Eine Schöpfungstheologie, die herausstellt, dass Mensch und Tier sich gemeinsam Gott als Schöpfer verdanken, hat hier eine wichtige Funktion.

(Vergleiche dazu: Günter Banzhaf, Gottfried Mohr, Andreas Weidle [Hg.], »Ich höre das Gras wachsen; Schöpfung wahrnehmen, erleben, feiern«, Verlag Junge Gemeinde, Leinfelden-Echterdingen 1999)

Der Spatz / Der Rabe

Seht die Vögel am Himmel (Matthäus 6,26)

■ Religionspädagogische Überlegungen

Vögel sind Kindern nahe: nicht nur, weil sie oft auch »die Kleinen« sind, sondern weil das Kind sich mehr als Kreatur versteht und sich den Tieren verwandt fühlt.

Vögel sind kleine, emsige, liebenswerte Wesen. Wer schon einmal ein Vögelchen in der Hand gehalten hat, weiß, wie ängstlich und scheu diese Tiere sind, aber auch wieviel Freiheit sie brauchen. Wer sorgt für sie? Dies ist eine berechtigte Frage.

Die Gottesdienstentwürfe sollen die Kinder mit einigen Vogelarten vertraut machen. Erfahrung und Wissen über die kleine Geschöpfe werden weitergegeben, z.B.: wie sie leben, was sie als Nahrung brauchen. Die Kinder sollen angeregt werden, dass sie Vögel achten und erhalten, weil sie auch zu unserem Lebensraum gehören. Die »Predigt« des biblischen Textes gilt wohl mehr den Erwachsenen: »Sehet die Vögel unter dem Himmel an.«

■ Theologische Überlegungen

»Sehet die Vögel unter dem Himmel an: sie säen nicht, sie ernten nicht, sie sammeln nicht in die Scheune. Seid ihr nicht viel mehr als sie?« (Mt 6,26)

Dieser Vers ist der Bergpredigt entnommen und malt ein Bild der Freiheit: die Vögel unter dem Himmel, die fliegen können und sich nicht sorgen. Das Naturbild zeigt vordergründig eine Idylle auf. Da lebt ein kleiner Vogel völlig sorglos, betreibt keine Vorratshaltung.

Der große Mensch dagegen ist pausenlos am Sammeln, Hetzen und Planen. »Die Sorge ist nicht deswegen zu meiden, weil sie es dem Menschen schwer macht und ihm seine Fröhlichkeit raubt, sondern weil sie Gott absetzt«, schreibt ein Ausleger. Der Bibelvers ist eine Einladung, von den kleinen Vögeln zu lernen: Das Wagnis des Glaubens täglich einzugehen und zu vertrauen, dass Gott sorgt.

■ Zur Darbietung und Gestaltung

Entwurf A:

Der Entwurf ist eine Liedinterpretation: »Ein kleiner Spatz zur Erde fällt und Gott entgeht das nicht ...«

In der Spielszene erleben die Kinder mit, wie ein kleines Spatzenkind wieder ins Nest zurückkommt. Die Geschichte beteiligt die Kinder. Sie können anregen und mithelfen, dass auch ein kleines Vögelchen Schutz erfährt. In der »Aktion« wird ein Vogelnest betrachtet. Der Entwurf regt an zum Staunen über das, was Tiere können.

DER SPATZ / DER RABE

ENTWURF B:

Ein Fingerspiel führt ins Thema ein. Stabfiguren erzählen von dem großen Durst der Tiere. Doch die Vögel finden etwas gegen ihren Durst. Der Tau, der vom Himmel fällt, speist sie. Auch hier sind es die Lieder und Gebete, die die biblischen Botschaft aufnehmen: Gott sorgt für die kleinen Tiere und den großen Menschen.

Bei den Bausteinen zum Gottesdienst wird noch eine weitere Geschichte zur Auswahl angeboten: »Der Traum vom Regenbogen« (Seite 64)

Entwurf A

Der Spatz – Ein Gottesdienst zu einem Lied
(Entwurf und Idee: Kirchengemeinde Altbach, C. Hofmann, G. Kandziora, U. Liebau, D. Waschler, D. Zilinski und Pfarrer S. Liebau)

Intention: Kleine Tiere brauchen besonderen Schutz.

Liturgischer Ablauf:
- Orgelvorspiel
- Begrüßung
- Glockenläuten
- Lied: »Gottes Liebe ist so wunderbar« (Seite 113)
- Gebet: »Herr, ich werfe mein Freude« (Seite 65)
- Einführung ins Thema
- Spiel und Geschichte (Seite 61)
- Lied: »Ein kleiner Spatz zur Erde fällt« (Seite 66)
- Aktion: Vogelnest anschauen
- Gebet: »Und nun möge der allmächtige Gott« (Seite 65)
- Vaterunser
- Segen und Verabschiedung
- Nachspiel (z. B. Melodie »Ein Vogel wollte Hochzeit halten«)

Entwurf B

Der Rabe – Ein Gottesdienst zu einem Stabfigurenspiel
(Alma Grüßhaber)

Intention: Gott sorgt auch für die Vögel.

Liturgischer Ablauf:
- Orgelvorspiel
- Begrüßung
- Lied: »Alle Vöglein, die da singen« (Seite 66)
- Gebet: »Herr ich werfe meine Freude« (Seite 65)
- Fingerspiel: »In die Hecke auf das Ästchen« (Seite 71)
- Einführung in die Geschichte und Erzählung »Der Rabe« (Seite 63)
- Lied: »Alle Vöglein, die da singen« (Seite 66)
- Freies Gebet
- Vaterunser
- Segen (Seite 65)
- Verabschiedung

DER SPATZ / DER RABE

■ Bausteine zum Gottesdienst

ENTWURF A:

Vorbereitungen

Für eine Naturbetrachtung muss der Raum etwas aufwendiger gestaltet werden.
Für die Erzählung vom Spatz wird im Altarraum eine Puppenbühne aufgestellt. Mit Tüchern, Zweigen oder einigen Ästen wird dekoriert. An einem Ast wird das Vogelnest befestigt. Verschiedene Vögel aus Holz, Karton oder Dekovögel (aus dem Blumengeschäft) werden angebracht. Die Spatzenfamilie besonders hervorheben.

Figuren für's Spiel:

Vater und Sohn (Handpuppen)
Katze (Handpuppe oder Kuscheltier)
Igel und Frosch (Handpuppen oder Kartontiere)
Vogelstimmen (z. B. über den Kasettenrecorder oder Flötenmusik)

Einführung

Wir spielen euch gleich eine Geschichte vor. Wir hören von einem kleinen Vogel, der zur Familie Spatz gehört. Und zu dieser Geschichte passt das Lied, das wir jetzt singen:
»Ein kleiner Spatz zur Erde fällt
und Gott entgeht das nicht.
Wenn Gott die Vögelein so liebt,
ich weiß, er liebt auch mich.«
Vor Gott sind alle Lebewesen wichtig. Er sorgt sogar für einen winzigen Vogel.

Lied: »Ein kleiner Spatz zur Erde fällt« (Verse 1 + 3)
(In Vers 3 singen wir statt »ich weiß, es kann nicht sein«: »er lässt uns nicht allein.«)

Erzählung und Spiel

(Die Geschichte wird von der Kanzel aus erzählt. So können die Spieler die Figuren freier bewegen.)

Die kleinen Spatzen sitzen im Nest. Sie zwitschern vergnügt. *(Vogelstimmen)*
Auf einmal passiert es: Eines der Vogelkinder fällt aus dem Nest.
   (Ein Vögelchen, das an einem Perlonfaden befestigt ist, aus dem Nest ins Gras fallen lassen.)
Alle Spatzen bekommen einen großen Schreck. Sie sind zuerst ganz still, dann zwitschern sie aufgeregt. *(Vogelstimmen)*
Zum Glück ist der kleine Spatz ins weiche Gras gefallen. Er hat sich gar nicht so arg wehgetan. Doch wie soll er wieder ins Nest zurückkommen? Denn das Fliegen lernen Spatzenkinder erst, wenn sie größer sind.

Da kommt ein Igel vorbei. *(Igel über die Bühne laufen lassen.)*
Der kleine Spatz sieht die Stacheln und duckt sich ganz tief ins Gras. Vorsichtig kommt der Igel näher. Er will dem Vogel auf keinen Fall wehtun. Ob der Igel dem kleinen Vogel helfen kann? *(Die Kinder fragen, was sie meinen.)*

Die Erzählung

Nach einer Weile kommt ein anderes Tier vorbei. *(Frosch erscheint.)*
Es hüpft vergnügt aus dem Matsch ins weiche Gras.
(Die Kinder fragen: Welches Tier ist das?)
Erstaunt sieht der Frosch den kleinen Vogel. »Bist du aus dem Nest gefallen?«, fragt der Frosch.
(Frage an die Kinder: Ob der Frosch helfen kann?)
Der Frosch hüpft traurig weg. Die Vögel im Nest piepsen enttäuscht.
(Vogelstimmen)

Nach einer Weile kommt ein kleiner Junge in die Nähe des Vogels. Er macht mit seinem Vater einen Spaziergang. *(Vater erscheint.)*
Plötzlich entdeckt der Junge das Vogelkind im Gras. Er bückt sich. Dann ruft er seinen Vater herbei: »Papa, komm schnell, hier sitzt ein Vogel. Er lebt!« Zusammen überlegen die beiden, wie sie helfen können. »Wir müssen ihm ins Nest zurückhelfen, bevor eine Katze vorbeikommt«, sagt der Junge. »Der Vogel ist nicht verletzt«, meint der Vater. »Wir könnten ihn vorsichtig aufheben und auf einen Zweig in die Nähe des Nestes setzen.« »Aber wo ist das Nest des kleinen Vogels?«, fragt der Junge. Der Vater und der Junge suchen in den dichten Zweigen des Baumes. *(Kinder mitsuchen lassen.)*
Der Vater und der Junge entdecken das Nest. Der Vater nimmt einige Blätter in die Hände, damit der kleine Vogel nicht den Geruch seiner Hände an sich trägt. Damit hebt er den kleinen Spatz behutsam hoch. Er setzt ihn auf einen Zweig. »Hier können die Spatzeneltern ihren kleinen Ausreißer versorgen«, sagt der Vater.
Der Junge und der Vater verabschieden sich von dem kleinen Vogel. »Mach's gut, kleiner Spatz«, sagt der Junge. Dann gehen sie weiter.
Als die beiden nicht mehr zu sehen sind, schleicht eine Katze vorbei.
(Katze vorüberziehen lassen.)
Zum Glück entdeckt sie den kleinen Vogel nicht. Wie gut, dass der Junge den Spatz entdeckt hat und er in Sicherheit ist.
(Die Melodie von »Ein kleiner Spatz zur Erde fällt« wird gespielt. Dann schließt die Erzählerin/der Erzähler die Geschichte ab. Alle Tiere versammeln sich auf der Seite der Puppenbühne.)

Unsere Geschichte ist zu Ende. Vom Lied haben wir gehört, dass Gott die kleinen Vöglein wichtig sind. Er achtet auf das Kleine. Und die Kinder und die Menschen sind ihm erst recht wichtig. In der Bibel heißt es »Sehet euch die Vögel an! Sie säen nicht. Sie ernten nicht. Sie sammeln keine Vorräte, aber euer Vater im Himmel sorgt für sie. Und ihr seid ihm doch viel mehr wert als die Vögel.« (Mt 6,26). Zu diesem Vers wurde unser Lied geschrieben, das wir jetzt noch einmal singen: »Ein kleiner Spatz zur Erde fällt« (Verse 1 und 3).

Aktion

Das Vogelnest, das in unserer Geschichte vorkam, haben die Vogeleltern sorgfältig gebaut. Jetzt aber brauchen sie es nicht mehr, weil die Vogelkinder fliegen können. Deshalb konnten wir es für euch mitbringen. Wer es näher anschauen will, kommt bitte nach vorne.
(Wer keine Vogelnest besitzt, kann die Nestidee, Seite 69, aufgreifen.)

Der Spatz / Der Rabe

Entwurf B:

Vorbereitungen

Aus Packpapier eine Waldkulisse malen. Daneben eine Vase mit Sonnenblumen aufstellen.
In die Bäume werden Vögel aus der Geschichte platziert: der Rabe, die Eule, der Eichelhäher, der Specht, die Spatzen. Die Vögel werden als Stabfiguren gestaltet. (Anleitung dazu Seite 70)

Einleitung

— Von den Raben erzählen, wie sie leben, was sie zum Leben brauchen.
— Alle Vögel haben Durst und Hunger.
— In der Natur finden sie, was sie brauchen. Wir sagen: Gott sorgt für sie.

Erzählung

Einst lebte ein kohlschwarzer Rabe am Waldesrand. Er hatte stets genug zu essen und zu trinken. Doch in einem Sommer gab es plötzlich kein Wasser mehr. Der kleine Bach war leer, die Quelle sprudelte nicht mehr und die herrlichen Pfützen hatte die Sonne weggetrocknet. Alle Vögel litten entsetzlich unter der Hitze. Die Eule jammerte dem Raben vor, dass ihre Kinder verdursten würden. Der Buntspecht konnte nicht mehr klopfen, so trocken war seine Kehle. Selbst die kleinen Spatzen waren verzagt und blieben im Schatten der Bäume sitzen und bekamen nur noch ein klägliches »Tschilp« über die Schnäbel.
Der Rabe flog weit umher, um nach Wasser Ausschau zu halten. Oft kehrte er erst frühmorgens heim. Eines Tages bemerkte er, dass sein Federkleid ganz feucht war. Dabei hatte es doch gar nicht geregnet. Rasch flog er zur Eule und fragte sie, warum dies geschehen könne. »Lieber Rabe, das ist Tau, der morgens vom Himmel fällt. Das geschieht, wenn in der Nacht keine Wolke am Himmel ist. Dann, wenn viele Sterne zu sehen sind, fällt der Tau«, erklärte sie. »Liebe Eule, aber dann gäbe es doch immer mal wieder etwas Wasser. Wir müssten es nur auffangen«, schrie der Rabe ganz erfreut. »Wir müssen etwas finden, wie wir den Tau einsammeln können«, sagte die Eule. Lange dachten sie darüber nach.
Doch weil der Rabe und die Eule nicht weiter wussten, riefen sie alle Vögel zusammen. Der Specht machte den Vorschlag, den Tau mit dem Schnabel einzusammeln. »Wir setzen uns hinaus auf das freie Feld und halten die ganze Nacht unsere Schnäbel geöffnet«, lautete sein Vorschlag. »Das ist zu gefährlich«, sagte der Eichelhäher, »dann kommt unser Feind, der Fuchs, und schnappt uns.«
Die kleine Blaumeise machte den Vorschlag, frühmorgens viel Gras zu fressen. Ganz stolz verkündete sie: »Das Gras ist nass, wir werden satt und haben gleichzeitig unseren schlimmen Durst gestillt.« »Schrecklich«, jammerte der Buntspecht. »Ich mag keine Gras, da wird mir ganz schlecht.«
Andere Vögel, die auch kein Gras mochten, fingen ein großes Geschrei an. Da erhob die Eule ihre Stimme. »Lieber Rabe, du hattest den Gedanken, den Tau einzusammeln. Was ist dir dazu eingefallen? Kannst du uns weiterhelfen?«
Der Rabe öffnete kurz den Schnabel, räusperte sich und dann fing er zu reden an. »Während ihr alle Vorschläge gemacht habt, kam mir ein Gedanke. Es gibt schon jemanden, der Tau sammelt. Das sind die Blumen auf dem Feld,

die großen, runden Sonnenblumen, die kleinen, gelben Butterblumen, und viele andere. Nicht weit von hier ist ein Sonnenblumenfeld. Wir brauchen nur hinzufliegen und die kleinen Tropfen auszutrinken«, verkündete der Rabe feierlich. Alle Vögel jubelten laut. Nun war ihnen geholfen! Gleich am anderen Morgen flogen sie über die Wiesen und Felder bis zum Sonnenblumenfeld. Und so geschah es in diesem heißen Sommer, dass kein Vogel verdursten musste, wenn auch die Tautröpfchen klein waren.

(Alma und Christoph Grüsshaber)

Der Traum vom Regenbogen

Am Morgen seines Geburtstages erwachte Ole früh. Das Haus war noch still. Unten im Wohnzimmer, das wusste er, stand schon der Geburtstagstisch mit all den geheimnisvollen Paketen. Er lauschte in die Dunkelheit hinein. Draußen fuhren die ersten Autos vorbei. Woher aber kam dieses leise Klappern und Piepsen?

Endlich regte es sich auch im Schlafzimmer der Eltern. Dann öffnete seine Mutter leise die Zimmertür und gab ihm einen dicken Geburtstagskuss. Ungewaschen und noch im Schlafanzug durfte er jetzt mit ins Wohnzimmer kommen, wo der Vater schon acht Kerzen angezündet hatte. Ein großer Kasten unter einem bunten Tuch war das erste, was Ole auf dem Geburtstagstisch entdeckte. Da hörte er es wieder: Das Klappern und Piepsen kam aus diesem Kasten! Gespannt zog er das Tuch ein Stück zur Seite, und im selben Moment verriet ein aufgeregtes Flattern und Zwitschern das ganze Geheimnis: Vor ihm stand ein Käfig mit einem bunten Wellensittich.

»Du musst jetzt gut für ihn sorgen«, meinte die Mutter. »Ein Tier braucht Nahrung und Pflege. Mit der Zeit werdet ihr euch aber immer besser kennenlernen. Und irgendwann kannst du vielleicht sogar seine Sprache verstehen.«

Ole gab seinem Vogel den Namen Goldfederchen, denn am rechten Flügel war ein gelber Streifen zu sehen, der hell im Licht schimmerte.

Oft saß er abends noch eine Weile vor dem Käfig, beobachtete, wie der Vogel von Stange zu Stange hüpfte und erzählte ihm von Dingen, die er am Tag erlebt hatte. Wenn Goldfederchen dabei hin und wieder piepste, entstand zwischen beiden ein richtiges Gespräch.

Ole stellte dem Vogel dann Fragen und gab sich viel Mühe, die Antwort zu verstehen.

»Sag mal, Goldfederchen«, so begann er eines Abends, »wie seid ihr Vögel eigentlich zu euren schönen Farben gekommen? Du mit deinen gelb-grünen Federn und auch all die anderen Vögel im Garten: die Rotkehlchen, die Blaumeisen, die Dompfaffen ...«

Goldfederchen fiel ihm ins Wort. Er sang und zwitscherte ohne Pause und Ole hörte ihm aufmerksam zu. Wann er dann eingeschlafen war, wusste Ole später selbst nicht mehr. Nur an einen Traum vom Regenbogen konnte er sich am nächsten Morgen noch erinnern. Und er erzählte seinen Eltern beim Frühstück die ganze Geschichte.

Aus: Susanne Brandt-Köhn, »Bärenstark und mauseschlau; Neue Lieder mit Geschichten und Spielanregungen«
© 1995 Don Bosco Verlag, München

Rituale und Gebete

Lobt Gott

Lobt Gott, Himmel und Erde.
Lobt Gott, Sonne und Mond
und alles, was er gemacht hat.

Lobt Gott, all ihr Blumen,
ihr Bäume und Sträucher.
Lobt Gott ihr Vögel unter dem Himmel,
ihr Fische im Meer und alle Tiere auf der Erde.

Lobt Gott ihr Menschen, groß und klein.
Alle Kinder loben den Herrn.
Alle Eltern loben den Herrn.
Denn Gott ist gut.

(A. Grüßhaber, freie Übertragung von Psalm 148)

Herr, ich freue mich

Herr,
ich werfe meine Freude
wie Vögel an den Himmel.
Die Nacht ist verflattert,
und ich freue mich am Licht.
So ein Tag, Herr, so ein Tag.

Herr, ich freue mich an der Schöpfung,
und dass du dahinter bist,
und daneben und davor
und darüber
und bei uns.

(Gebet aus Afrika)

Segensgebet

Und nun möge der allmächtige Gott
in seiner Gnade und Liebe
alle die segnen, die uns nahestehen und die uns lieb sind.
Er segne uns am Tage, bei unserer Arbeit,
und nachts, wenn wir schlafen.
Er erhalte uns in seinem Frieden,
durch Jesus Christus, unseren Herrn.

Aus: »Victorias Gebetbuch« S. 89, hrsg. von der Hofgemeinde Stockholm, Kreuz-Verlag, Stuttgart 1988

Lieder, Bewegung, Tänze

Ein kleiner Spatz zur Erde fällt

1. Ein kleiner Spatz zur Erde fällt und Gott entgeht das nicht. Wenn Gott die Vögelein so liebt, weiß ich, er liebt auch mich. 1.–3. Er liebt auch mich, er liebt auch mich, ich weiß, er liebt auch mich! Weil er die kleinen Dinge liebt, weiß

2. Gott schmückt die Lilien auf dem Feld,
ihr Duft ist süß und schwer.
Wenn er die Blümelein so liebt,
liebt er mich noch viel mehr.
Er liebt auch mich ...

3. Gott machte Blum und Vögelein,
ja alles groß und klein.
Und er vergisst uns Kinder nicht,
ich weiß, es kann nicht sein.
Er liebt auch mich ...

Text: M. Straub; Musik: S.W. Straub, © Carus-Verlag, Stuttgart

Alle Vöglein, die da singen

1. Alle Vöglein, die da singen, alle Häslein, die da springen, alle Bienen, die da summen, alle Käfer, die da brummen, sollen in viel tausend Weisen Gott, der sie gemacht hat, preisen.

2. Alle Kühe auf der Weide,
alle Schafe in der Heide,
alle Tiere auf den Feldern,
alle Rehe in den Wäldern
sollen in viel tausend Weisen
Gott, der sie gemacht hat, preisen.

3. Alle Wasser, die da fließen,
alle Blumen, die da sprießen,
alle Spinnlein, die da weben,
alle Wolken, die da schweben,
sollen in viel tausend Weisen
Gott, der sie gemacht hat, preisen.

4. An dem Himmel dort die Sterne
und die Welten in der Ferne,
alle Menschen, die da leben,
sollen Gott die Ehre geben,
sollen in viel tausend Weisen,
Gott, der sie gemacht hat, preisen.

Worte nach verschiedenen Vorlagen, Weise und Satz: Theophil Rothenberg, © Strube Verlag, München-Berlin

Vöglein im hohen Baum

1. Vöglein im hohen Baum, klein ist's, man sieht es kaum, singt doch so schön, dass wohl von nah und fern alle die Leute gern horchen und stehn, horchen und stehn.

2. Blümlein im Wiesengrund
blühen so lieb und bunt,
tausend zugleich;
wenn ihr vorübergeht,
wenn ihr die Farben seht,
freuet ihr euch, freuet ihr euch.

3. Wässerlein fließt so fort
immer von Ort zu Ort
nieder ins Tal;
dürsten nun Mensch und Vieh,
kommen zum Bächlein sie,
trinken zumal, trinken zumal.

4. Habt ihr es auch bedacht,
wer hat so schön gemacht
alle die drei?
Gott der Herr machte sie,
dass sich nun spät und früh
jedes dran freu, jedes dran freu.

Worte: Wilhelm Hey; Weise: Friedrich Silcher

DER SPATZ / DER RABE

Ob wir wohl die Lerchen sehn

1. Ob wir wohl die Lerchen sehn, ob wir sie wohl hören?
Lass uns in die Felder gehn, ohne sie zu stören. Tiri tiri tirili,
tiri lili tiri, tiri tiri tirili, tiri tirili.

(In weiteren Strophen ändern sich jeweils nur: Vogelart – Lebensraum – Ruf. Das Lied kann im Wechsel gesungen werden: eine Gruppe singt die Menschenstimmen, die andere die Vogelstimmen.)

2. Enten ... an den Weiher ...
Gaggaga ...

3. Eulen ... in die Scheune ...
Hui hu, hui hui ...

4. Störche ... in die Wiesen ...
Klapp klapp klapp ...
(mit den Händen klatschen)

Text und Musik: Susanne Brandt-Köhn. Aus: Susanne Brandt-Köhn, »Bärenstark und mauseschlau«
© by Don Bosco Verlag, München, 1. Aufl. 1995

Tanzlied »Die Vögel wollten Hochzeit machen«

(Immer das entsprechende Vogelpaar kennzeichnen, z. B. mit einer Feder im Haar. Aufstellung in großem Kreis.)

Text:	Tanzform:
Die Vögel wollten Hochzeit machen in dem grünen Walde ... Fidiralala, fidiralala, fidiralalalala.	*Auf der Kreisbahn nach rechts gehen.* *Sich beim rechten Nachbarn einhängen und eine Drehung auf der Kreisbahn machen.*
Schlussvers: Nun ist die Vogelhochzeit aus ...	*Die Partner fassen sich an der Hand und machen eine Brücke. Sie stellen sich hintereinander auf und alle ziehen durch die Reihe. Dabei das ganze Lied noch einmal singen.*

Weitere Lieder:

»Gottes Liebe ist so wunderbar« (Seite 113)
»Du hast uns deine Welt geschenkt« (Seite 116)
»Was nah ist und was ferne« (Seite 118)

Der Spatz / Der Rabe

Basteln und Gestalten

Der Vogelbaum

Material:

Große Papierbahn, z.B. 3 x 4 m, je nach Raumgröße (kann aus mehreren Packpapierbahnen zusammengesetzt werden), Fotokarton in braun und grün, Buntpapier für die Vögel; Vogelnest, Früchte, Rinde, Aststückchen und sonstiges Naturmaterial.

Werkzeug:

Scheren und Klebstoff, Tesakrepp

Gestaltung:

Den Umriss einer Baumkrone aufzeichnen. Den Stamm anbringen und die Äste herstellen (z. B. Aststückchen als Zweige aufkleben), Blätter aus grünem Tonpapier anfertigen oder aus Naturmaterial aufkleben. Die Vögel in den Baum setzen.

Das Vogelnest

Vorbereitung:

Innerhalb des Raumes einen Kreis mit Kreide aufzeichnen, etwa 1–2 m Durchmesser. Den Kreis mit einer Folie oder Zeitungen abdecken.

Material:

Aststücke, Schafwolle, Stoffreste, Schnurstücke, Blätter, Moos.

Gestaltung:

Einige Mitarbeiter legen große Äste in Kreisform. Kinder und Eltern holen sich etwas vom Materialberg und legen den Zweig, die Wolle, das Stoffstück in den Kreis, so dass ein weich gepolstertes Nest entsteht.
Weitere Ideen: Stabfiguren in das Nest stellen, Kuscheltiere oder Wollbällchen-Vögel hineinsetzen. Oder Papiervögel für jedes Kind hineinlegen. (Dürfen später mit nach Hause genommen werden.)

Vögel aus Tonpapier

Material:

Tonpapier sowie Bunt- oder Geschenkpapier; ein Stück Karton für eine Schablone, Nadel, Faden

Werkzeug:

Bleistift, Schere

Gestaltung:

Schablone herstellen (Vorlage s. Seite 70), auf das Tonpapier übertragen, ausschneiden, den Einschub für die Flügel einschneiden.

Für die Flügel wird Seidenpapier (18 x 10 cm) von der Schmalseite zusammengefaltet. Faltenbreite ca. 1 cm, so dass ein Fächer einsteht. Diesen durch den Einschub am Tonpapiervogel ziehen und rechts und links auffächern.
Einen Perlonfaden zum Aufhängen anbringen.
Ausschmückung: Die Augen einzeichnen oder Plastikaugen anbringen. Namen des Vogel darauf schreiben oder Federchen ankleben.

DER SPATZ / DER RABE

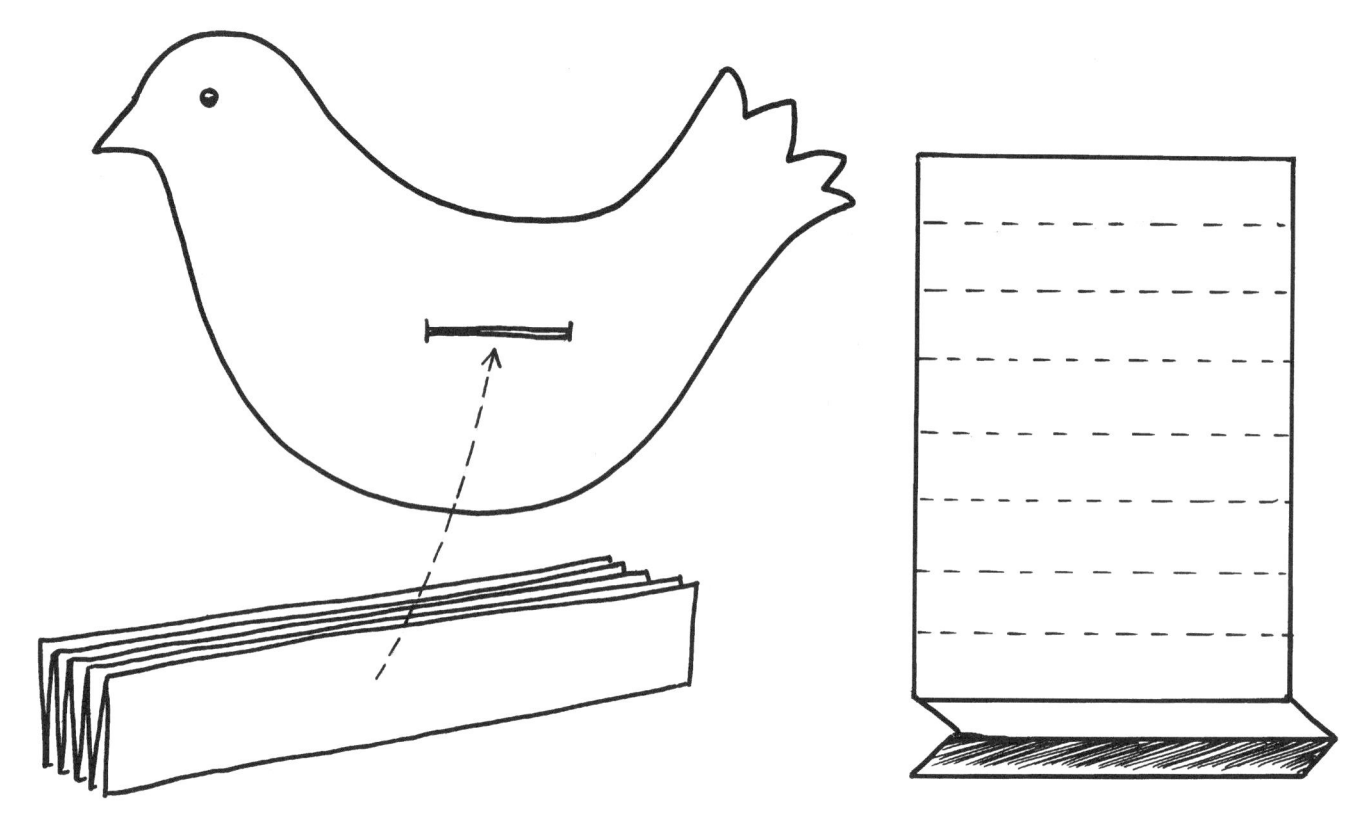

Schablone: Vögel aus Tonpapier

Stabfigurenvögel

Material:

pro Vogel 1 kräftiger Karton (ca. 1 x 1 m), Papiermesser, Plakafarben, Holzstäbe ca. 1,50 m; Teppichklebeband

Werkzeug:

Tacker mit Klammern, Beistift, Schere, Pinsel

Gestaltung:

Umrisse eines Vogels skizzieren, ausschneiden, mit Plakafarben bemalen, trocknen lassen. Dann am Holzstab befestigen.

(Achtung: Wenn die Figur sich drehen soll, auch eine Rückseite erstellen.)

Weiterführung: In gleicher Weise können Personen und Gegenstände hergestellt werden. Der Ausschmückung sind keine Grenzen gesetzt: Kleider, Haare, bei Tieren das Fell – alles ist in der Gestaltung möglich, jedoch gut befestigen, z. B. mit Klammern antackern. Wer die Figuren im Raum aufstellen will, könnte sie in Gefäße mit Sand stellen.

70

DER SPATZ / DER RABE

Schattentheater
(Lässt sich für die Erzählung »Traum vom Regenbogen«, Seite 64, verwenden.)

Material:
Riesenkarton, Transparentpapierbögen, Seidenpapier in den Regenbogenfarben

Werkzeug:
Scheren, Bleistift, Klebstoff

Gestaltung:
Aus dem Karton eine Klapptüre gestalten. Die Türflügel sollen nach außen geöffnet werden. Die Türöffnung mit weißem Transparentpapier bekleben. Den Regenbogen aus Seidenpapier anbringen. Entsprechende Beleuchtung aufstellen (Strahler, Stehlampe etc.), Vögel nach Anleitung gestalten (Seite 69).

Das Nest

Fingerspiele

Auf dem Apfelbaum
ist ein kleines Nest,
Vöglein im Baum
schlafen so fest.
Katze klettert auf den Baum,
weckt die Vöglein aus dem Traum.
Seht! Sie fliegen wie der Wind,
fort aus ihrem Nest geschwind.

Der aufgestellte rechte Arm ist der Baum, die hohle Hand das Nest. Das Anschleichen der Katze mit zwei Fingern der linken Hand zeigen. Das Fortfliegen der Vögel mit beiden Händen darstellen (auf und nieder).

Aus: Marga Arndt/Waltraut Singer, »Das ist der Daumen knudeldick«, © by Ravensburger Buchverlag Otto Maier GmbH, Ravensburg

In die Hecke auf das Ästchen

In die Hecke auf das Ästchen
baut ein Vogel sich ein Nestchen,
legt hinein zwei Eierlein,
brütet aus zwei Vögelein.
Rufen die Kinder:
piep, piep, piep,
Mütterlein du bist uns lieb.

Beide Hände ineinanderlegen zum Nest, Daumen als »Eier« nach innen beugen. Zuletzt die Daumen als Vögel über den Nestrand »gucken« lassen.

(Friedrich Fröbel)

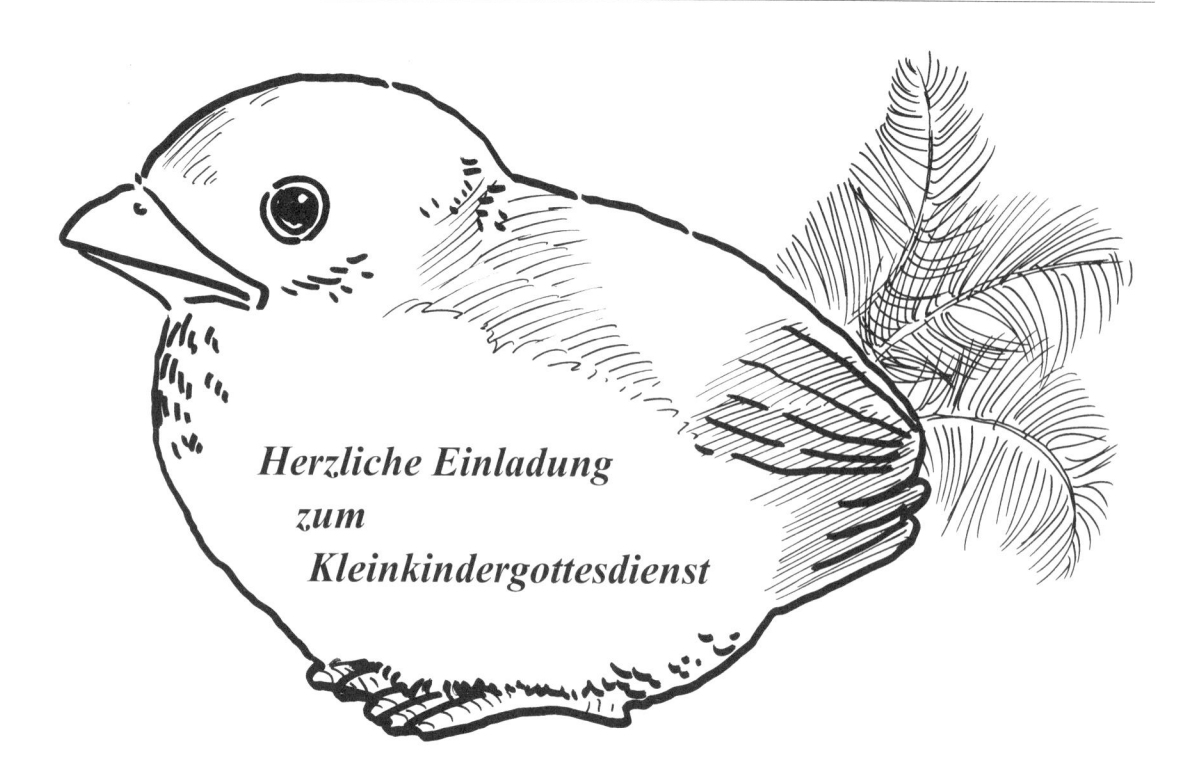

DER SPATZ / DER RABE

Herzliche Einladung zum Kleinkindergottesdienst

Beispiel für eine Einladung zum Kleinkindergottesdiesnt zum Thema »Der Spatz/Der Rabe«.
Den Vogel oben auf farbiges Papier kopieren und eventuell ausschneiden. Für den Schwanz können dann echte kleine Federn angeklebt werden.
Der Vogel kann in einem Umschlag, der wie unten mit einem Vogelmotiv und Zitat bedruckt (kopiert) ist, verschickt werden. (Idee: U. und S. Liebau)

Ein kleiner Spatz zur Erde fällt ...
... und Gott entgeht das nicht.

Küken, Raupe und Schmetterling
Kleine Tiere – ganz groß

■ Religionspädagogische Überlegungen

In seinen Geschöpfen zeigt sich Gott. So ist auch das kleine, schutzlose Küken oder die unscheinbare Raupe und der farbenfrohe Schmetterling ein Fingerzeig auf ihn. Zum Staunen sollen diese Gottesdienste anregen, aber auch dazu, an kleinen Wundern nicht achtlos vorüberzugehen. Die, die wirklich staunen können, sind die Kinder. Und so greift dieses Thema auf, was in den Erlebnisbereich von Kleinkindern gehört: das Verweilen und Nachsinnen, das Schauen und Beobachten.

Erzählungen über Tiere stehen deshalb im Mittelpunkt. Die Botschaft steckt in dem Lied »Er hält die ganze Welt«. Auch andere Lieder könnten im Mittelpunkt sein (siehe unter »Lieder, Bewegung, Tänze«).

Anmerkung:

Landkindern wird der Zugang leichter fallen, da Tiere des Bauernhofes bei ihnen noch zu sehen sind. Für Kinder in der Stadt ist vielleicht eine Bilderreihe mit Henne und Küken zum Schauen sehr schön. Ein Vorbereitungsteam könnte u. U. bekanntgeben, wo gerade kleine Küken zu besichtigen sind (Schaubauernhof, Freilichtmuseum oder Biolandhöfe in der näheren Umgebung).

■ Zur Darbietung und Gestaltung

Entwurf A:

Im Mittelpunkt steht hier die Erzählung. Zwei Geschwister besuchen einen Bauernhof und erleben Henne und Küken und andere Tiere. Die Raumgestaltung ist darauf abgestimmt, ebenso das Malblatt.

Entwurf B:

Er befasst sich mit dem Schmetterling. Dieses Tier zeigt uns das leichte, heitere Wunder, das sich aus der Raupe entwickelt. Dieser Entwurf könnte - mit entsprechender Einführung und anderen Liedern – auch bei einem Ostergottesdienst eingesetzt werden.

KÜKEN, RAUPE UND SCHMETTERLING

Entwurf A — Das Küken - Ein Gottesdienst mit Spielgeschichte

(Entwurf und Idee: Thomasgemeinde Stuttgart-Kaltental, M. Dressler, S. Dorebeck, M. Hofherr, S. Kaiser, B. Zachmann und Pfarrer E. Hudelmayer.)

Intention: Gott hält die ganze Welt in seiner Hand, auch das kleine Küken.

Vorbereitungen:

Eine Spielfläche im Altarraum vorbereiten. Ein Netz aufspannen.
Mit einigen Pflanzen den Boden begrünen, einen Ast als Baum stellen, Blumen in einer Vase aufstellen.
Henne, Küken, Fische, Schmetterlinge aus Karton ausschneiden, bemalen.
Im Verlauf der Geschichte die Tiere am Netz oder an den Pflanzen befestigen
(mit Tesakrepp, Teppichband oder Wäscheklammern).

Liturgischer Ablauf:

Orgelvorspiel
Begrüßung
Lied: »Wir sind jetzt hier zusammen« (Seite 115)
Einführung: »Spielszene in der Kirche« (Seite 75)
Lied: »Er hält die ganze Welt« (Seite 119)
Spielszene: »Jens und Lisa auf dem Bauernhof« (Seite 75)
Lied: »Er hält die ganze Welt« (Seite 119)
Gebet: »Lieber Gott, ich freue mich« (Seite 79)
Lied : »Alles was ich habe« (Seite 79)
Segen
Verabschiedung
Orgelnachspiel

Entwurf B — Der Schmetterling - Eine Entstehungsgeschichte mit Handpuppenspiel

(Alma Grüßhaber, mit Ideen aus der Kirchengemeinde Wannweil, S. Czebeka, M. Bischof, C. Häbe, S. Lutz und Pfarrer S. Schanz)

Intention: Auch Schmetterlinge sind Geschöpfe Gottes.

Vorbereitungen:

Jens und Lisa als Stabfiguren herstellen. Schmetterlinge aus Tonpapier und Transparentpapier gestalten und an einem Perlonfaden aufhängen (Anleitung Seite 83). Einen großen Ast oder eine Bodenvase mit frischen Zweigen aufstellen und die Schmetterlinge anbringen. An einem Holzstab 6–8 Exemplare festmachen. 30–50 Schmetterlinge herstellen – je nach erwarteter Besucherzahl. Die Schmetterlinge am Strauß oder Ast befestigen. Nach Abschluss des Gottesdienstes darf jedes Kind einen Schmetterling mit nach Hause nehmen.

Liturgischer Ablauf:

Musik zu Beginn: »Frühling«, aus: »Vier Jahreszeiten« von Antonio Vivaldi
Begrüßung
Einführung: »Spielszene in der Kirche« (Seite 75)
Lied: »Die kleine Raupe Nimmersatt« (Seite 80)
Spielgeschichte: »Jens und Lisa auf der Schmetterlingswiese« (Seite 77)
oder »Von der Raupe zum Schmetterling« (Seite 78)
Lied: »Alles was ich habe« (Seite 79)
Gebet: »Lieber Gott, ich freue mich« (Seite 79)
Tanzlied: »Schmetterling, du kleines Ding« (Seite 81)
Segen
Musik: »Frühling«, aus: »Vier Jahreszeiten« von Antonio Vivaldi

Küken, Raupe und Schmetterling

■ Bausteine zum Gottesdienst

Erzählung

Einführung: Spielszene in der Kirche

Jens: Hallo Kinder, es ist schön, dass ihr alle hier seid. Ich bin Jens und bin 6 Jahre alt. Das ist Lisa, meine kleine Schwester. Sie ist vier Jahre alt. Vielleicht haben wir uns schon mal gesehen?

Lisa: Hallo, ich freue mich auch, dass ihr hier mit uns in der Kirche feiert. Wir singen jetzt mein Lieblingslied. Es heißt: »Er hält die ganze Welt in seiner Hand …«

Liedeinführung: Die Mitarbeiterinnen und Mitarbeiter singen zur Flöten- oder Orgelbegleitung den ersten Vers zweimal vor, dann alle gemeinsam.

Lisa: Das war schön, Jens. Hast du jetzt Lust, mit mir einen Spaziergang zu machen?

Jens: Ja, gerne, Lisa.
(Entwurf A:) Sicher willst du wieder mal zum Bauernhof gehen?
(Entwurf B:) Sicher willst du wieder mal auf der großen Wiese herumtollen?

Lisa: Erraten. Da gehe ich am liebsten hin, weil es so viel zu sehen gibt.
(Beide gehen.)

Jens und Lisa auf dem Bauernhof

Lisa: Sieh mal, Jens, da liegt eine kaputte Eierschale. Warum liegt die hier auf dem Boden?

Jens: Oh, vielleicht ist das eine Küken ausgeschlüpft. Komm, wir müssen es suchen.

Lisa: Warum schlüpft ein Küken aus? Was macht es denn in einem Ei?

Jens: Aber Lisa, hast du das noch nie gehört? Alle Hühner, waren einmal in einem Ei. Bei den Hühnern ist das so: Das Huhn legt im Frühling mehrere Eier in ein Nest. Dann setzt es sich darauf, damit die Eier gut gewärmt werden. Das nennt man »Brüten«. In dieser Zeit wachsen in den Eiern die Küken heran. Das dauert natürlich einige Zeit. Wenn die Küken dann groß genug sind, picken sie die Schale auf und schlüpfen heraus.

Lisa: Schau, da kommt die Hühnermama mit ihren Küken. Guck mal, wie niedlich sie sind. Und die sind wirklich aus dem Ei geschlüpft? Geht das denn, ganz von alleine?

Jens: Ja, Lisa, Ich finde, dass dies ein Wunder ist. Aber ganz von alleine schlüpfen sie nicht.

Gott sorgt dafür, dass in der Natur alles so gut funktioniert. Gott hat alles gemacht, weißt du.

Lisa: Ja, Mama und Papa haben mir das auch gesagt. Schau, jetzt laufen die Küken zum Teich. Ich möchte gerne sehen, was sie da machen.

Jens: Keine Bange! Hühner gehen nicht zum Schwimmen. Sie trinken aus Pfützen und Bächen, auch mal aus dem Teich, aber sie sind keine Enten und keine Fische.

Küken, Raupe und Schmetterling

Der geschmückte Altarraum mit Netz, buntem Tuch mit Fischen, Blume und Schmetterling (links) und den Stabpuppen Jens und Lisa.

Lisa: Guck mal, die Hühnermama trinkt und jetzt machen das alle nach. Ich glaube, die müssen auch alles lernen. Aber schau, jetzt gehen sie wieder in Richtung Wiese. Der Ausflug ist beendet.

Jens: Jetzt schauen wir mal, was es im Teich gibt. Ich sehe einen kleinen Fisch. Und einen Goldfisch, und hier, schau mal, einen ganzen Schwarm Minifische.

Lisa: Guck mal, was da schwimmt: ein großer blauer Fisch. Wie er wohl heißt? Hat Gott auch die vielen Fische gemacht?

Jens: Ja, er sorgt für sie, das sie Nahrung haben, dass sie nicht allein sind und dass sie stark und klug sind, wenn Feinde kommen.

Lisa: *(läuft weiter)* Wie schön das alles ist. Guck mal, da fliegt ein Schmetterling.

Jens: Ja, der heißt Pfauenauge. Jetzt setzt er sich auf eine Blüte. Gleich kannst du die Flügel anschauen.

Lisa: Wie schön er aussieht. Das hat Gott aber besonders gut gemacht.

Jens: Tiere, Pflanzen, Erde, Luft, Sonne, Wasser, Sand - einfach alles hat Gott gemacht. Und etwas habe ich noch vergessen.

Lisa: Dich und mich hat er gemacht, das wir alles sehen können. Und jetzt will ich nochmals die Küken sehen.
(Jens und Lisa entfernen sich vom Teich. Die Hühnermutter sitzt mit den Küken auf der Wiese. In gehörigem Abstand betrachtet Lisa alle nochmals.)

Lisa: Jetzt sind sie müde. Sie sitzen und halten die Köpfchen schräg, damit sie alle sehen können.

Jens: Und die Hühnermutter gluckst ihnen vor, dass sie auch immer genau um sich schauen sollen. Damit keine Fuchs sich anschleichen kann und kein Raubvogel aus der Luft kommt. Siehst du, Lisa, Gott hat alles so schön gemacht, aber die kleinen und großen Tiere und die Menschen müssen auch acht aufeinander haben.

Lisa: So wie wir, dass wir jetzt auch nach Hause gehen. Jens, das war aber ein schöner Spaziergang. *(Beide gehen ab.)*

Die Schmetterlingswiese

(Jens und Lisa machen einen Spaziergang über die große Wiese.)

Jens: Siehst du. Lisa, wir sind heute gar nicht allein. Andere genießen auch den Sonnenschein und schauen die vielen Blüten an.

Lisa: Also, ich sehe nur dich. Kannst du mir zeigen, wen du meinst?

Jens: Leg dich mal auf den Boden und öffne die Augen nur ein bisschen. Dann wirst du gleich sehen, dass du nicht die einzige bist.

Lisa: Au fein, das mache ich. Muss ich die Augen zumachen, um deinen »jemand« zu hören?

Jens: Nein, weit aufmachen sollst du deine Augen, und deine Ohren. Aber rede nicht immer. Komm, ich mache auch mit.
(Jens uns Lisa legen sich ins Gras. Es brummt und summt und plötzlich fliegen viele Schmetterlinge über die Kinder weg. – Holzstab mit mehreren Schmetterlingen.)

Lisa: *(ganz aufgeregt)* Jens, schau mal, wie viele Schmetterlinge hier fliegen. Immer wieder kehren welche zu den Blüten zurück. Kennst du sie alle mit Namen?

Jens: Nur einige kenne ich. Wenn ein gelber Schmetterling angeflogen kommt, ist es ein Zitronenfalter oder ein Schwalbenschwanz. Siehst du den großen, bunten Schmetterling? Das ist ein Pfauenauge. Sie alle suchen bei den Blumen Nahrung.

Lisa: Das habe ich nicht gewusst, dass die arbeiten. Ich habe immer gedacht, ein Schmetterling schwebt nur umher und es macht ihm Spaß, dass er fliegen kann. Aber sag, könnten wir nicht einen mitnehmen, einen für uns zu Hause?

Jens: Das geht leider nicht. Papa hat mir erzählt, dass er als Junge einen Schmetterling für sich fangen wollte. Ganz vorsichtig hat er das gemacht, und als er ihn zu Hause aus der Hand nahm, war alle Farbe abgegangen und der Schmetterling konnte die Flügel nicht mehr bewegen. Und Papa hat gesagt, dass er daraus etwas gelernt hat: Was uns gefällt und uns glücklich macht, können wir nicht mit der Hand festhalten. So etwas Schönes wie ein Schmetterling ist kostbar, und wenn wir es anfassen, geht es kaputt. Jeder Schmetterling ist ein Geschenk, über das wir staunen können.
Er ist ein kleines Wunder, das Gott gemacht hat.

Lisa: *(richtet sich auf)* Du Jens, das hat Spaß gemacht. Komm, wir gehen jetzt heim und erzählen Mama von der Wiese und von den Schmetterlingen. Wir malen ein Bild oder kleben mit bunten Papierstücken einen ganz schönen Schmetterling.
(Kinder gehen ab.)

Alternative: Von der Raupe zum Schmetterling

(Spiel mit Handpuppe, in Anlehnung an das Bilderbuch von Eric Carle »Die kleine Raupe Nimmersatt«, Verlag Gerstenberg)

Vorbereitung:

Eine Spielbühne herrichten. Große Blumensträuße oder Zweige aufstellen. Ein Wäscheseil spannen. Handpuppe Raupe und Gegenstände aus Karton und den Kokon/Schmetterling bereitlegen (Anleitung Seite 83).

Erzählung:

Auf einem Blatt lebt eine kleine, schwarze, lange Raupe. Viele Tage saß sie schon da.
Plötzlich bekommt sie großen Hunger und verspeist allerhand, denn viele Dinge gibt es in der Nähe des Blattes.
Zuerst frisst sie ein Loch ins Blatt.
Sie erblickt einen Apfel. Mh, der schmecket fein.
Dann sieht sie von ihrem Ausguck ein Stück Käse. Schnell schlüpft sie hinein und ihr Bäuchlein wird kugelrund.
Und weil ein Kind einen Loly vergessen hat, frisst sie ein kugelrundes Loch durch den Loly. Daneben liegt ein Birne, saftig und goldgelb. Das ist ein Vergnügen, so viel Saft hat die Raupe schon lange nicht mehr getrunken.
Und als sie auf der anderen Seite herauskommt, ist sie dick und kugelrund. Aber sie ist immer noch nicht satt. Kinder, was soll aus dieser Raupe werden?
»Hunger, Hunger, Hunger«, sagt die Raupe vor sich hin und frisst sich durch ein Erdbeereis.
Dann aber wird sie schrecklich müde, rollt sich zusammen und schläft ein.
Am ersten Tag passiert noch nichts.
Am zweiten Tag fällt der Haarpanzer ab.
   (Den ersten Socken von der Puppe abwerfen.)
Am dritten Tag fällt die Haut herunter. Noch liegt sie wie ein dunkles Ding herum.
   (Kartonstück)
Am vierten Tag schaut etwas aus dem dunklen Ding heraus.
   (kleine Serviettenstück)
Am fünften Tag scheint die Sonne, und plötzlich ist mehr zu sehen.
   (1/4 des Flügels)
Am sechsten Tag aber liegen zwei Flügel neben dem dunklen Ding. Die Sonne scheint, und ganz sacht bewegen sie sich. Dann kommt ein Windstoß, und ein wunderschöner Schmetterling breitet seine Flügel aus. Erst klatscht er mit den Flügeln, dann reckt und streckt er sich und dann fliegt er auf, setzt sich auf die nächste Blume und sucht – na was wohl – wieder etwas zum Fressen.

Jeden Tag tanzt er über die Wiesen, nascht vom Nektar der Blumen und erfreut die Kinder und die großen Leute. Und wenn es ganz windstill ist, breitet er seine Flügel aus und lässt seine wunderbaren Farben sehen. Vorbei ist das Dunkel in der Raupenhülle. Neues Leben ist da: leicht, bunt, groß und für kleine und große Leute lustig anzusehen. Immer erzählt er von den Geschenken Gottes, von dunkler Nacht und vom Licht der Sonne.

(Erzählung von A. Grüßhaber, Gestaltungsidee aus der Kirchengemeinde Wannweil)

KÜKEN, RAUPE UND SCHMETTERLING

Rituale und Gebete

Lieber Gott,
ich freue mich an all den Tieren, die du gemacht hast.
Bunt ist der Schmetterling.
Goldgelb ist das Federkleid vom Küken.
Glänzend leuchtet das Schuppenkleid der Fische im Wasser.
Danke für die Tiere, die großen und die kleinen.
Gib, dass wir Menschen sie schützen und bewahren.

(A. Grüßhaber)

Weißt du, wieviel Mücklein spielen,
in der heißen Sonnenglut,
wieviel Fischlein auch sich kühlen,
in der hellen Wasserflut?
Gott, der Herr rief sie mit Namen,
dass sie all ins Leben kamen,
dass sie nun so fröhlich sind,
dass sie nun so fröhlich sind.

(Strophe aus dem Lied: »Weißt du wieviel Sternlein stehen«, LJ 305)

Sei gepriesen, du lässt die Vögel singen!
Sei gepriesen, du lässt die Fische spielen!
Sei gepriesen, für alle deine Tiere.
Sei gepriesen, denn du bist wunderbar, Herr!

(Aus: »Laudato si«, nach Franz von Assisi, LJ 307)

Alles, was ich habe
(zu singen nach der Melodie: »Alle meine Entchen«)

Lieder, Bewegung, Tänze

1. Alles was ich habe,
dank ich Gott, dem Herrn,
dank ich Gott, dem Herrn,
er lenket meine Wege
wie ein guter Stern.

2. Er hat es geschaffen,
alles was ich seh,
alles was ich seh,
Huhn und Hahn und Küken,
Schmetterling und Reh.

3. Auch wir Menschenkinder,
sind von seiner Hand,
sind von seiner Hand,
Schwarze, Weiße, Gelbe,
Kinder aus jedem Land.

4. Lasst uns alle danken
für sein großes Werk,
für sein großes Werk,
unsre schöne Erde,
See und Tal und Berg.

(Text vom Team der Thomasgemeinde Stuttgart-Kaltental)

KÜKEN, RAUPE UND SCHMETTERLING

Gott, der Schöpfer dieser Welt

1. Gott, der Schöpfer dieser Welt schenkte jedem Tier das Leben. Alles hat er uns gegeben: was wir ernten, was wir essen, was wir fühlen, hören, sehn. Und wir sollen nicht vergessen, gut mit allem umzugehn.

2. Gott, der Schöpfer dieser Welt
schenkte jeder Blume Leben.
Alles hat er uns gegeben:
was wir ernten, was wir essen,
was wir fühlen, hören, sehn.
Und wir sollen nicht vergessen,
gut mit allem umzugehn.

3. Gott, der Schöpfer dieser Welt.
Schenkte jedem Baum das Leben.
Alles hat er uns gegeben …

(*Das Wort »Tier« – 2. Zeile – kann durch andere Geschöpfe Gottes ausgetauscht und so weitere Strophen gebildet werden.*)

Text und Musik: Susanne Brandt-Köhn, aus: Susanne Brandt-Köhn, »Bärenstark und mauseschlau«
© by Don Bosco Verlag, München, 1. Aufl. 1995

Die kleine Raupe Nimmersatt

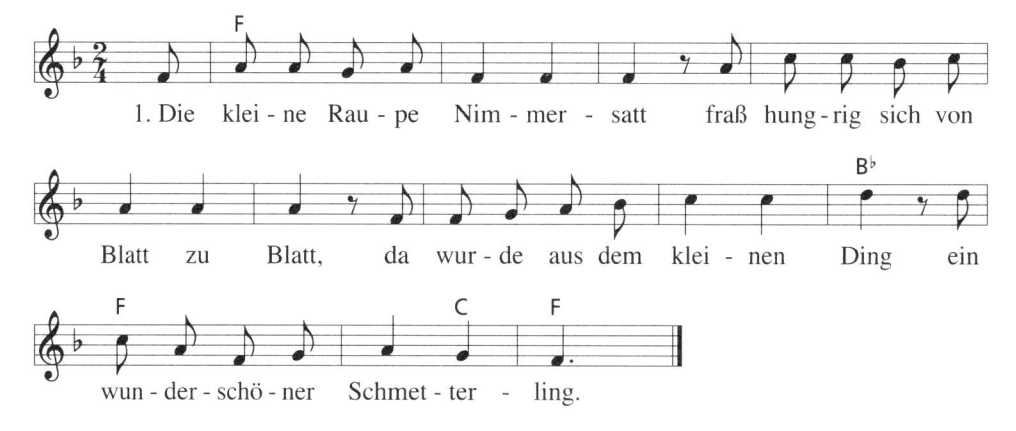

1. Die kleine Raupe Nimmersatt fraß hungrig sich von Blatt zu Blatt, da wurde aus dem kleinen Ding ein wunderschöner Schmetterling.

2. Der wunderschöne Schmetterling
tanzt flatternd zu den Blumen hin,
er lockt die Kinder übers Feld,
hinaus in unsere bunte Welt.

Text: Rosemarie Hetzner; Musik: Wolfram Menschick. Rechte bei den Autoren.

Küken, Raupe und Schmetterling

Tanzlied: Schmetterling, du kleines Ding

Schmet - ter - ling, du klei - nes Ding, flieg nicht fort, flieg nicht - fort, blei - be hier an die - sem Ort!

(Text: mündlich überliefert; Melodie: A. Grüßhaber)

Text:	Tanzform:
Schmetterling, du kleines Ding,	*Aufstellung auf der Kreisbahn. Das Lied einführen. Alle gehen 8 kleine Schritte nach rechts auf der Kreisbahn. Die ausgebreiteten Hände sind der Schmetterling, dem alle nachgehen.*
flieg nicht fort, flieg nicht fort,	*Wechsel in den 2/4 Takt. Alle drehen sich einmal um sich selbst und schauen nach dem Schmetterling (z.B. Hände nach oben strecken).*
bleibe hier an diesem Ort.	*Alle gehen 8 Schritte auf der Kreisbahn nach links und legen die Hände (den Schmetterling) dem/der Vordermann/frau auf die Schulter. Alles drei- bis viermal wiederholen.*

Weitere Lieder:

»Er hält die ganze Welt« (Seite 119)
»Wir sind jetzt hier zusammen« (Seite 115)
»Alle Vöglein, die da singen« (Seite 66)

Küken aus Wollbällen

Basteln und Gestalten

Material:

gelbe und orange Wollreste, Kartonstücke, oranges und schwarzes Tonpapier.

Werkzeug:

Bleistift, Schere, Klebstoff, evtl. Blumendraht

Herstellung:

Für jedes Küken müssen zwei Wollbällchen hergestellt werden – ein kleines Bällchen für den Kopf, ein großes Bällchen für den Körper.

Die Wollbällchen werden folgendermaßen vorbereitet:
Für das Köpfchen aus dem Karton zwei Kreise mit 6 cm Duchmesser ausschneiden, daraus jeweils die Innenfläche mit 3 cm Durchmesser entfernen.
Für den Körper zwei Kreise mit 9 cm Durchmesser ausschneiden und den Innenkreis mit 4,5 cm jeweils entnehmen. Dann werden die jeweiligen ringförmigen Kreisausschnitte aufeinandergelegt und mit gelber Wolle straff umwickelt. Eventuell kann man zur gelben Wolle etwas orangefarbene Fäden dazuwickeln. Nach mehreren Wickelrunden (der Innenkreis

Küken, Raupe und Schmetterling

muss geschlossen sein) einen Faden hängen lassen. Die Wolle wird nun zwischen den Kartonscheiben aufgeschnitten und mit dem überhängenden Wollfaden festgebunden. Dann wird das Bällchen mit der Schere gleichmäßig gestutzt. Das kleine Wollbällchen auf dem größeren befestigen.
Dann wird aus dem orangefarbigen Tonpapier ein kleiner Kamm und ein Schnäbelchen zugeschnitten und aus dem schwarzen Tonpapier werden zwei Augen zurecht geschnitten und an den entsprechenden Stellen des Kopfes festgeklebt.

Wer ein stehendes Küken herstellen möchte, umwickelt zwei kleine Stücke des Blumendrahts mit oranger Wolle, biegt diese zurecht und steckt sie in den Wollball.

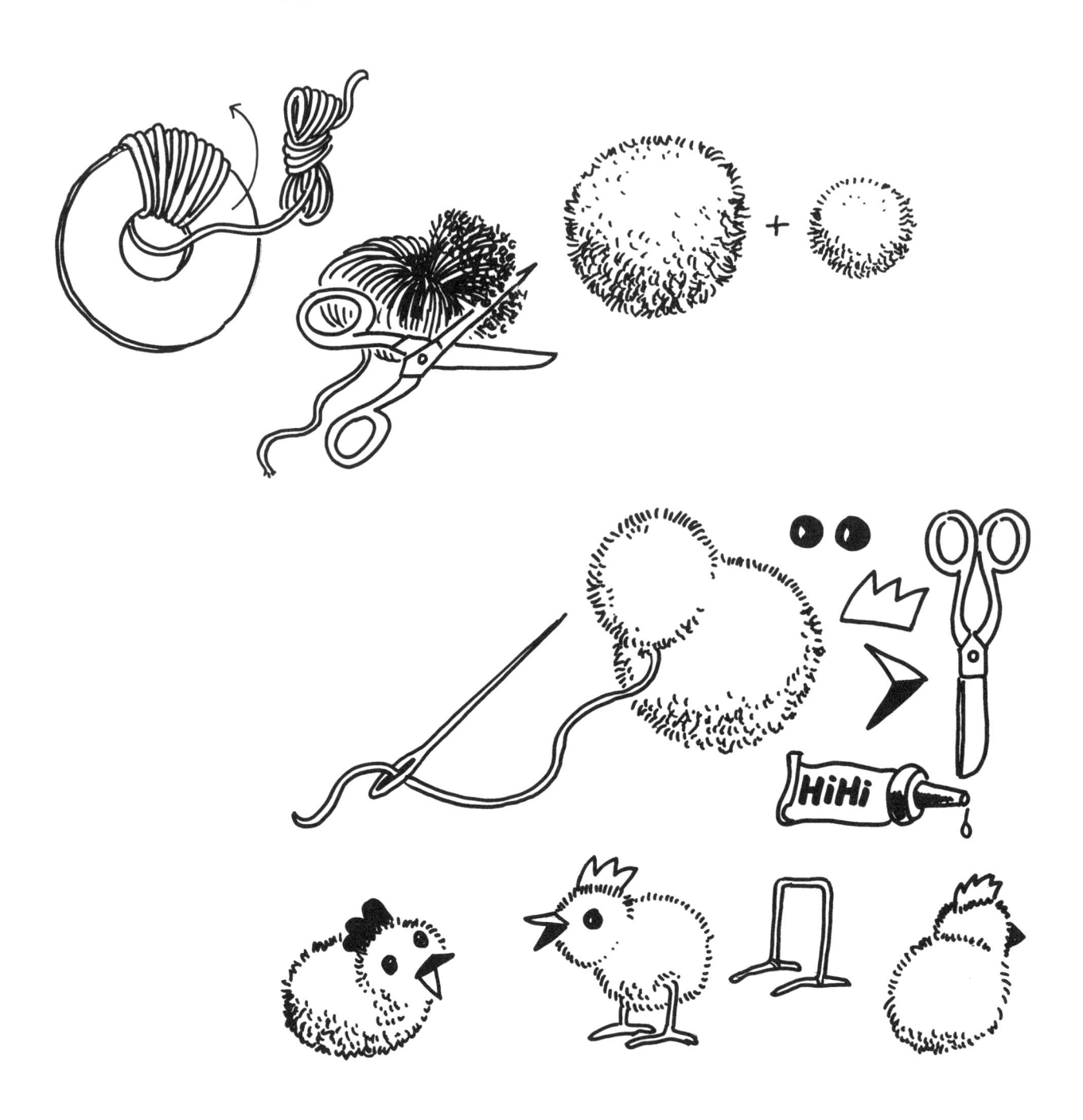

Schmetterlinge zum Ausmalen
(Vorlage Seite 86)

Handpuppe Raupe
(und die Verwandlung zum Schmetterling)

Material:

Für die Raupe:
Ein dunkler Kniestrumpf, der sich gut über die Hand bis zum Ellbogen schieben lässt; farbige Wollreste, zwei Knöpfe für die Augen.

Für den Schmetterling:
Zwei bunt bedruckte Papierservietten, eine Kartonrolle (Länge 20 cm, Durchmesser 0,5 cm), Perlonfaden.

Für das Spiel:
Kartonstücke in verschiedenen Farben, Format A 3–A 4. Daraus werden die Dinge ausgeschnitten, die die Raupe auffrisst (s. Utensilien).

Werkzeug:
Schere, Nadel, Klebstoff

Herstellung:

Raupe: Den Wollstrumpf so ausdehnen, dass die Strumpfspitze das Raupengesicht gibt und das Fersenende den gefräßigen Mund. Bunte Wollfäden als Haarbüschel annähen, ebenso die zwei Knöpfe als Augen.
Schmetterling: Einen großen Schmetterling gestalten. Die bunten Papierservietten über Eck falten und rechts und links in der Papprolle antakern. An der äußeren Spitze je einen Perlonfaden befestigen, der aus der Papprolle schaut. Damit werden beim Spiel die Flügel bewegt.
Utensilien: Aus Karton ausschneiden, was die Raupe frisst: ein grünes Blatt, einen Apfel, ein Stück Käse, einen Loly, eine saftige Birne, ein Eis ... In den Vorlagen ein »Schlupfloch« einschneiden, dass die Raupe durchziehen kann.

Schmetterlinge

Material:
Klopapierrollen oder feste Kartonrolle, Ton- und Buntpapier, Pfeifenputzer, ca 30 cm lang, Wollfaden, Pauspapier

Werkzeug:
Bleistift, Lineal, Bastelkleber, Lochzange oder Dosenmilchöffner

Herstellung:

1. Die Klorolle mit Buntpapier bekleben. Dazu ein Rechteck (10 x 18 cm) ausschneiden und festkleben.

2. Schmetterlingsflügel aus einfarbigem Tonpaier nach Schablone (Seite 87) zuschneiden und mit Buntpapier in verschiedenen Mustern bekleben.

3. Den »Flügel« auf den vorbereiteten Körper kleben.

4. Vier Löcher in den Kopf und Rücken des Schmetterlings stanzen: Zwei für die Fühler und auf dem Rücken zwei zum Aufhängen.

5. Pfeifenputzer durch die Löcher am Kopf ziehen und entsprechend zu Fühlern biegen.

6. Faden zum Aufhängen durch die Löcher am Rücken ziehen und die Enden verknoten.
Nun kann der Schmetterling getragen oder ins Kinderzimmer gehängt werden.

(Siehe dazu die erläuternde Zeichnung auf der gegenüberliegenden Seite und die Schablonen auf Seite 87.)

KÜKEN, RAUPE UND SCHMETTERLING

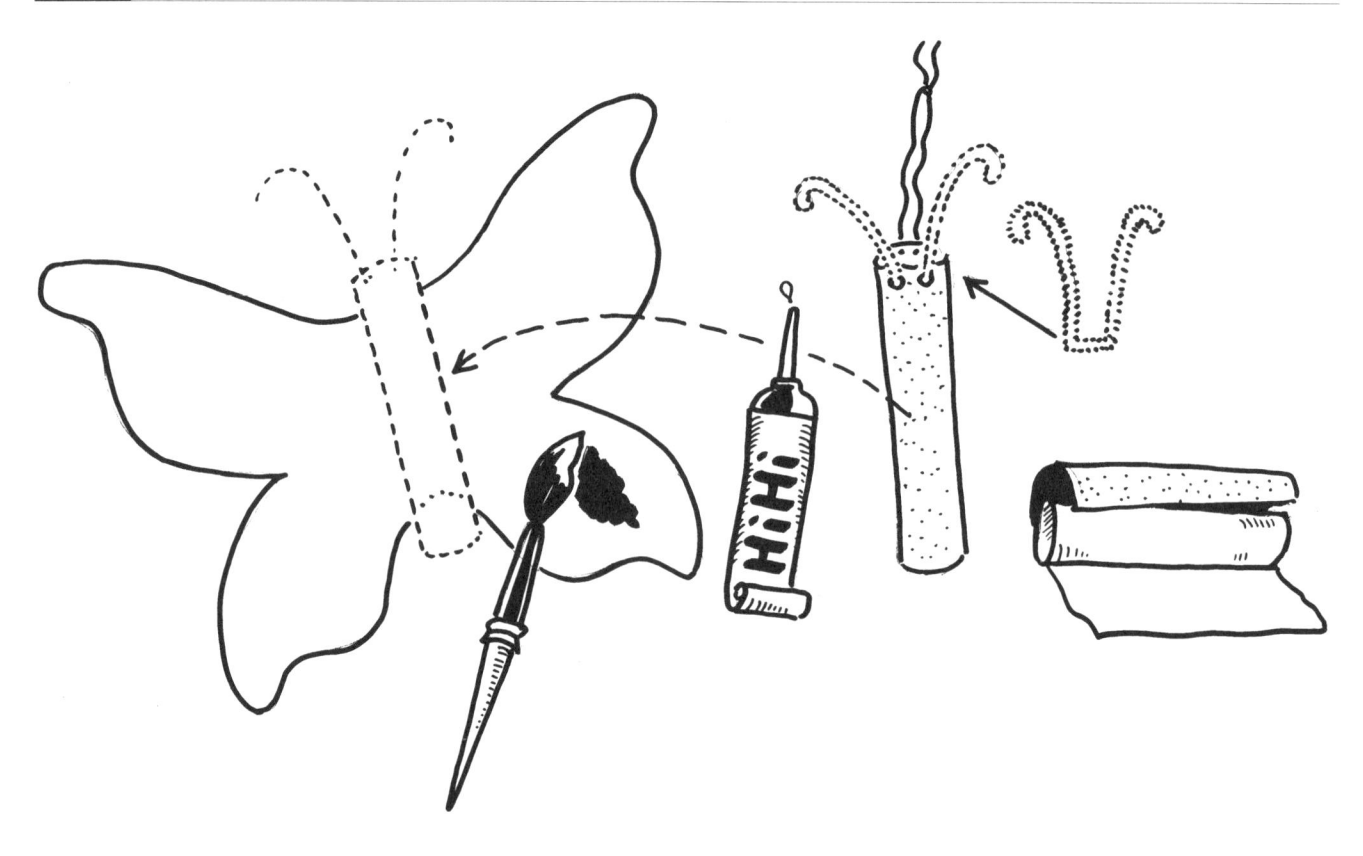

**Stabfiguren
»Jens und Lisa«**
*(Herstellung wie
Stabfiguren Seite 70)*

84

KÜKEN, RAUPE UND SCHMETTERLING

Rätselfragen

(Die Lösung lautet jeweils »Schmetterling«.)

1. An den Blüten will er naschen,
   Kinderlein, die woll'n ihn haschen.

2. Was fliegt so bunt im Sonnenschein
   und kehrt als Gast bei Blumen ein?

Literatur:
Eric Carle, »Die kleine Raupe Nimmersatt«, Verlag Gerstenberg

---

Brief an die Eltern

Liebe Erwachsene!

Wer hätte das gedacht, dass aus solch einer Raupe ein so schöner Schmetterling wird?
Nun ist er da – entfaltet – bunt – frei!

So möchte auch ich gern sein:
— Mich aus meinen Grenzen heraus entfalten.
— Farbe in meinen grauen Alltag bringen.
— Trotz mancher Nöte und Ängste wieder frei aufatmen.
Gott will diese Entwicklung. Er schenkt mir Zeit. Er hilft mir dabei. Er will,
dass ich mich frei entfalte …,
dass ich wieder aufatme …,
dass ich mich an den Farben seiner Schöpfung freue.

Nach seinem Willen gibt es ein Leben vor dem Tod. Es beginnt hier und heute. Was noch im Verborgenen liegt, will er zum Leben erwecken und verwandeln. So wie er mich am Ende meiner Tage verwandeln will. An Ostern hat er dies bekräftigt. Durch seinen Sohn Jesus Christus hat er ein neues Leben entfaltet, neues Leben auch für mich. Deshalb kann ich diese Welt jetzt mit neuen Augen sehen. Ich freue mich an ihren kleinen alltäglichen Dingen. Jetzt will ich mir wieder Zeit nehmen. So kann jeder Tag ein kleines Fest sein, mit der Freude über dieses neue Leben. Jeder Schmetterling erinnert mich dabei an diese erneuernde Kraft Gottes, die auch mein Leben entfalten und verwandeln will.

(Entworfen vom Gottesdienstteam der Kirchengemeinde Wannweil)

Schmetterling zum Ausmalen (siehe Vorschlag S. 83)

Schablonen zum Bastelvorschlag Schmetterlinge (siehe S. 83)
Die ausgewählte Form mittels Kopierer auf die gewünschte Größe vergrößern.

87

Der Wal

Gottesdienste zur Jonageschichte (Jona 1–4)

■ Religionspädagogische Überlegungen

Der Fisch nimmt in der Jonageschichte eine Schlüsselrolle ein: Dieses Meerestier bewahrt Jona vor dem Ertrinken und gibt seiner Reise eine neue Richtung.
Kinder kennen den Wagemut, trotzig zu sagen: »Ich will jetzt nicht« oder »Ich will anders». So handelt Jona auch, und Kinder verstehen seine Geschichte recht gut.
Trotzdem, ist eine Geschichte, in der soviel Bedrohliches geschieht kindgemäß? Ein Sturm zieht auf, Jona wird ins Meer geworfen und vom Fisch verschluckt. Dann wird er wieder ausgespuckt und muss in eine fremde Stadt gehen. Ich meine, dass sie für Kinder wichtig ist, denn Schlimmes wird wieder gut, auf die Gefahr folgt die Rettung. Jona ist einer, der unendlich viel Hilfe erfährt.

■ Theologische Überlegungen

Weil das ganze Jonabuch darauf abzielt, dem Menschen einen Spiegel vorzuhalten, mutet der Erzählstoff wie ein Märchen an. Kenner der Literatur des Alten Testaments sagen, dass das Jonabuch »das einzige humoristische Stück im AT« sei (H. W. Wolff, Studien zum Jonabuch, S. 13). Trotz allen widrigen Umständen, die Jona mit seinem Verhalten schafft, gibt es eine Botschaft: Gott liebt seine Menschen, die in Ninive und ganz besonders Jona. Es soll in den Gottesdienstentwürfen herausgearbeitet werden, dass Gottes Botschaft allen Menschen gilt. Dazu gebraucht er auch den Walfisch.
Das Jonabuch umfasst nur 4 Kapitel. Geschrieben ist es vermutlich im 4. Jahrhundert v. Chr., also zu einer Zeit, als Ninive schon lange in Schutt und Asche liegt. Das Thema in Israel heißt damals (wie heute!): Wie gehen wir mit den Fremden und ihren Religionen um, die in unserem Land leben? Darauf will die Jonageschichte eine Antwort geben: Gottes Barmherzigkeit kennt keine Grenzen. Er liebt alle Menschen. Er setzt sich über Begrenzungen hinweg und trägt Sorge sowohl für den nahen Jona wie auch für die fernen Stadtleute aus Ninive.
Historisch nachzuweisen ist einzig die Gestalt des Propheten Jona. »Jona«, das heißt »Taube« – ein Friedensvogel also. Hinweise auf diese Gestalt stehen in 2 Könige 14,25. Dort wird von einem Jona berichtet, dem Sohn Amittais, der in der Regierungszeit von Jerobiam II (787–747) auftritt und aus Gath-Hepher stammt. Nach dem weitergehenden Bericht geht es in dieser Zeit um die Wiederherstellung des Landbesitzstandes in Israel unter Jerobiam II. Jona ist ein Heilsprophet.
Was aber das Jonabuch erzählt, ist eine Mixtur aus verschiedenen Zeitepochen. Es ist also keinesfalls eine Person, die dies erlebt hat. Ein Ausleger schreibt: »Das Jonabuch ist die unverwechselbare Zeugengeschichte Israels

DER WAL

und entspricht nicht unmittelbar dem Geschehensablauf. Die erzählten Verhältnisse zielen umittelbar auf das Verhalten der Hörer ab.« (H. W. Wolf, Studien zum Jonabuch, S. 13)

Textaufbau:
Jona 1,1–3   Unterwegs nach Jafo
Jona 1,4–16   Im Schiff auf See
Jona 2,1–3,3a   Unterwegs nach Ninive
Jona 3,3b–10   Jonas Predigt, Ninives Umkehr
Jona 4,1–11   Jonas Zorn und Gottes Mitleid

Parallelen zu anderen Überlieferungen

Schiffserzählungen gibt es in jeder Hafenspelunke, so auch in Jafo/Joppe. Bekannt ist aus außerbiblischen Zeugnissen eine Erzählung vom Sänger Arion, der während seiner Seefahrt von den Schiffsleuten räuberisch erpresst wurde. In seiner Not bittet er, noch einmal Zither spielen zu dürfen und wirft sich mit der Zither über Bord. Dort nimmt ihn eine Delphin auf den Rücken und er reitet übers Meer.

Jer 18,7   Die Bußfertigkeit am Hofe Ninives und die Unbußfertigkeit am israelischen Hofe bei Jojakim II.
1 Kön 19,4   Der Jonaerzähler kennt die Eliageschichte. Auch Elia ist einer, der flieht.

Der große Fisch in Jona 2,1 erinnert an das Meeresungeheuer, das in der griechische Sage bei Herakles ebenso wie bei Perseus auftaucht.
»3 Tage und 3 Nächte«: Dies soll eine verhältnismäßig lange Zeit ausdrücken. Der Sonnenmythos berichtet von dem Verschlingen des Mondes (Neumond) »Drei Tage ruht er im Himmel ...« Das danach am Himmel erscheinende Sichelschwert erinnert daran, dass das Ungeheuer, das den Mond verschlang, von innen aufgeschlitzt wurde (H. W. Wolf, S. 23). Auch die Emmauserzählung berichtet von »3 Tagen«. Im Glaubensbekenntnis bezeugen wir Christus »auferstanden am 3. Tage ...«
»Verschlingen und ausspeien«: die Jason-Sage aus der griech. Mythologie: Der Held, der den Drachen töten muss, wird vorher verschlungen, aber eine Zaubersalbe befreit ihn. Im Jonabuch geht es ohne Zauberei. Gott ist es, der handelt.

■ Zur Darbietung und Gestaltung

Entwurf A lädt ein, dass die Zuhörer den Sprechchor bilden und die Erzählung mit Bewegungen ausgestalten.
Entwurf B ist als Fest angelegt. Die Erzählung I hat das Bilderbuch bzw. die Diaserie von Kees de Kort im Mittelpunkt. Die Erzählung II bietet eine Aktionsgeschichte. Danach gibt es ein kleines Fest (gemeinsames Essen, Trinken, Tanzen und Singen).

DER WAL

Entwurf A

Der Walfisch - Ein Gottesdienst mit Sprechchor

(Entwurf und Idee: Kirchengemeinde Mühlacker-Dürrmenz, B. Jurende, K. Lutz, C. Olt, A. Philippzig, B. Straub und Pfarrerin C. Hörnig.)

Intention: Jona ist auch im Walfisch geborgen.

Vorbereitungen:
Für den Erzähler eine gut sichtbare Position auswählen (z.B. die Kanzel).
Im Raum ist der große Fisch zu sehen, der in der Geschichte eine Rolle spielt (Anleitung dazu Seite 103). Die Erzählung so eröffnen, dass zuerst ein paar Bewegungen und Sprechzeilen aus der Handlung gemeinsam geprobt werden: z. B. »Sie rudern darauf los« oder »Der Wind bläst und bläst ...«

Liturgischer Ablauf:
Flötenmusik
Begrüßung
Lied: »Vom Aufgang der Sonne« (LJ 268; SL 38; TG 103; MKL 36; LzU I 90)
Psalmgebet: »Ich brauche mich nicht zu fürchten« (Seite 96)
Erzählung mit Sprechchor und Bewegungen (Seite 91)
Lied: »Wir singen alle Halleluja« (Seite 112)
Gebet: »Lieber Gott, ich danke dir für den Fisch« (Seite 97)
Vaterunser
Segen

Entwurf B

Jona kommt an – Ein Gottesdienst mit Bewegung und Fest

(Entwurf und Idee: Kirchengemeinde Mühlacker-Dürrmenz, B. Jurende, K. Lutz, C. Olt, A. Philippzig, B. Straub und Pfarrerin C. Hörnig.)

Intention: Jona entdeckt das Danken und wir feiern mit.

Vorbereitungen:
Das Erzählen und Mitgestalten geschieht im großen Kreis (entweder im Kirchenraum dafür Platz schaffen oder den Gemeinderaum benützen). Zur Erzähltechnik ist zu sagen, dass immer wieder Pausen notwendig sind, da die Geräusche zu laut werden und die Kinder die Regieanweisungen hören müssen.

Material: Große Plastikplane (Malerplane) oder Schwungtuch.

Einführung in die Aktion:
Eine große Freifläche schaffen. Die Plane / das Tuch wird abgelegt. Alle Kinder setzen sich um die Plane / das Tuch und fassen mit beiden Händen an. An den »Ecken« sitzen Mitarbeiter/innen. Bevor die Erzählung beginnt, wird ein »Probelauf« gestartet: Heute sind wir alle am Meer. Wir hören das Wasser plätschern (leise Bewegungen). Dann wird der Wind kräftiger oder schwächer. Wir blasen dazu mit dem Mund. Plane/Tuch in verschiedenen Abfolgen bewegen: langsam, kräftig, stark, behutsam usw.

Liturgischer Ablauf:
Flötenmusik
Begrüßung
Lied: »Vom Aufgang der Sonne« (LJ 268; SL 38; TG 103; MKL 36; LzU I 90)
Psalm: »Alles wird gut, weil du da bist« (Seite 96)
Erzählung I: Diaserie »Jona geht nach Ninive«
              Text nach dem Bilderbuch von Kees de Kort (Literaturhinweis Seite 103)
oder:
Erzählung II (Aktionsgeschichte): Der Wal und die wogenden Wellen (Seite 95)
Festliches Feiern: Jona wird in Ninive eingeladen.
        Wir feiern mit: Wir schmücken uns, wir essen, wir tanzen. (Festidee Seite 100)
Gebet: »In jedem Fest« (Seite 97)
Lied: »Wir singen alle Halleluja« (Seite 112)
Vaterunser
Segen

DER WAL

■ Bausteine zu den Gottesdiensten

Erzählung mit Sprechchor

Erzählungen

(Den Text des Chors spricht der Erzähler zeilenweise vor, alle wiederholen. In Klammern sind Bewegungsvorschläge angegeben, die der Erzähler ebenfalls vormacht. Es darf von allen gleich mitgemacht werden. Am Anfang sitzen alle.)

Erzähler: Mitten im schönen Land Israel sitzt Jona. Er hat es sich im Schatten eines Baumes gemütlich gemacht. Er räkelt sich und streckt sich.

Chor: Er räkelt sich und streckt sich. *(Sich dehnen und strecken.)*
Er gähnt und lehnt sich bequem zurück. *(Gähnen)*

Erzähler: Da hört er eine Stimme. Gott spricht zu ihm: »Jona, steh auf!«

Chor: Jona, steh auf! *(Hände rufend an den Mund legen.)*
Wo? *(Umherschauen, Hand über die Augen legen.)*
Was? *(Hand hinter die Ohren legen.)*
Meinst du mich? *(Auf sich zeigen.)*

Erzähler: »Ja, dich meine ich. Steh auf und geh in die große Stadt Ninive. *(Alle stehen auf.)*
Die Menschen sind dort so böse, dass ich nicht länger zuschauen kann.
Sage zu ihnen: Gott wird euch bestrafen.«
Jona steht auf und geht. Er geht, aber nicht nach Ninive. Er läuft weg.

Chor: Ninive!
Das ist gefährlich. *(Hand erschreckt vor den Mund nehmen.)*
Puh, ich will mich lieber verstecken. *(Hände vor's Gesicht halten.)*
Ich mache mich ganz klein,
dann kann mich Gott nicht sehen. *(In die Hocke gehen.)*

Erzähler: Jona geht gerade in die andere Richtung. Er geht ans Meer.

Chor: Wasser, Wasser, nichts als Wasser. *(ausholende Bewegung)*

Erzähler: Am Hafen liegt ein Schiff. Das Schiff will gerade abfahren. Jona bezahlt das Fahrgeld und geht an Bord. Er will mit dem Schiff weit weg fahren. Weit, weit fort.

Chor: Er steigt ins Schiff.
(Wie beim Einsteigen einen Schritt nach vorne machen.)
Die Taue werden ans Land geworfen. *(wegwerfende Bewegung)*
Das Schiff legt ab.
Jona ist an Bord. Er fährt nun fort. *(hinsetzen)*

Erzähler: Das Schiff fährt los. Lustig schaukelt es auf den Wellen. Kräftig rudern die Seeleute.

DER WAL

Chor:	Sie rudern fest drauf los. *(Ruderbewegungen)* Das Schiff schaukelt auf den Wellen. *(hin- und herschaukeln)*
Erzähler:	Jona ist noch nie auf dem Meer gefahren. Zuerst gefällt es ihm. Langsam entfernt sich das Schiff vom schönen Land Israel und vor allem von der Stadt Ninive. Man sieht kaum mehr das Ufer. »Ich habe es geschafft, wegzukommen«, denkt Jona.
Chor:	Weg, weg, weg vom Land. Das habe ich geschafft. *(tief ausatmen)*
Erzähler:	Gott aber begleitet das Schiff. Er will Jona auf seiner Reise nicht allein lassen. Er schickt einen Sturm. Plötzlich beginnt der Wind kräftig zu blasen.
Chor:	Der Wind bläst und bläst. *(blasen)*
Erzähler:	Die Wellen werden ganz hoch.
Chor:	Die Wellen werden ganz hoch. *(mit den Armen zeigen)*
Erzähler:	Das Schiff schaukelt bedrohlich hin und her.
Chor:	Das Schiff schaukelt sehr. *(heftig schaukeln)*
Erzähler:	Wasser läuft ins Schiff.
Chor:	Wasser läuft ins Schiff. *(Füße anziehen)*
Erzähler:	Das Schiff ist in Gefahr. Vielleicht geht es unter. Die Matrosen haben schreckliche Angst.
Chor:	Die Matrosen haben schreckliche Angst. *(mit den Zähnen klappern)*
Erzähler:	Sie schreien: »Hilf uns Gott! Wir ertrinken!«
Chor:	»Hilf uns Gott! Wir ertrinken!« *(laut schreien)*
Erzähler:	»Lass uns nicht ertrinken.«
Chor:	»Lass uns nicht ertrinken.« *(lauter schreien)*
Erzähler:	Nur einer hat nichts gemerkt. Er schläft im Bauch des Schiffes.
Chor:	Jona schläft. *(Den Kopf zur Seite auf die Hände legen, schnarchen.)*
Erzähler:	Einer der Matrosen geht zu ihm hinunter und sagt: »Wach auf, Jona, das Schiff geht unter.«
Chor:	»Wach auf, Jona. *(schütteln)* Das Schiff geht unter.«
Erzähler:	»Hilf uns beten.«

DER WAL

Chor:	»Hilf uns beten.« *(lautes Rufen)*
Erzähler:	»Dein Gott soll uns helfen.«
Chor:	»Dein Gott soll uns helfen.« *(lauter rufen)*
Erzähler:	Jona schüttelt traurig den Kopf.
Chor:	Jona schüttelt traurig den Kopf. *(Den Kopf hin und her schütteln.)*
Erzähler:	»Mein Gott wird euch nicht helfen. Ich bin vor ihm davongelaufen. Er schickte mich zur Stadt Ninive und ich ging auf ein Schiff. Ich dachte, ich könnte mich verstecken und verschwinden. Ich bin schuld. Ich habe nicht gehorcht. Gott schickte den Sturm.«
Chor:	»Gott schickte den Sturm.« *(fest pusten)*
Erzähler:	Die Matrosen gehen zu den Rudern. Noch einmal wollen sie alles versuchen. Sie wollen dem Sturm entkommen. Sie rudern, was sie können.
Chor:	Sie rudern, was sie können. *(heftig rudern)*
Erzähler:	Aber sie schaffen es nicht. Es klappt nicht. Der Sturm peitscht ihnen das Wasser ins Gesicht.
Chor:	Der Sturm peitscht ihnen das Wasser ins Gesicht. *(Handbewegung auf das Gesicht zu.)*
Erzähler:	Die Ruder brechen. Da sagt Jona: »Werft mich ins Meer.«
Chor:	»Werft ihn ins Meer, werft ihn ins Meer.« *(Wurfbewegung mit beiden Händen)*
Erzähler:	Dann hört der Sturm auf. Die Matrosen schauen Jona hinter her. Sie fragen sich: Was wird mit ihm passieren? Wird er untergehen? Da sehen sie einen großen Fisch heranschwimmen. Der schwimmt auf Jona zu, und als er bei ihm ist, sperrt er sein Maul ganz weit auf. So weit!
Chor:	So weit! *(mit den Armen beschreiben)*
Erzähler:	Und der Fisch verschlingt ihn mit Haut und Haaren.
Chor:	Der Fisch verschlingt ihn mit Haut und Haaren. *(schnappende Mundbewegung)*
Erzähler:	Sofort hört der Sturm auf. Das Meer wird ruhig.
Chor:	Und das Meer wird ruhig. *(Mit den Händen ruhigen Wellengang zeigen.)*

Erzähler:	Und Jona ist nicht ertrunken. Jona ist gerettet. Er sitzt im Bauch des Fisches, ganz tief unten im Meer.
Chor:	Jona sitzt im Bauch des Fisches. *(zusammenkauern)* Ganz tief unten im Meer.
Erzähler:	Drei Tage sitzt Jona da und drei Nächte. Immer wieder ruft Jona: »Danke Gott, Danke. Ich bin gerettet.«
Chor:	»Danke Gott. Danke. Ich bin gerettet.« *(Arme geöffnet nach oben strecken.)*
Erzähler:	Und nach drei Tagen und drei Nächten schwimmt der Fisch zum Ufer. Er spukt Jona heraus. Da liegt Jona am Strand.
Chor:	Da liegt Jona am Strand. *(Arme vor's Gesicht, Kopf auf die Knie legen.)*
Erzähler:	Er ist gesund.
Chor:	Er ist gesund. *(Aufstehen. Sich recken und strecken.)*
Erzähler:	Er ist glücklich.
Chor:	Er ist glücklich. *(In die Hände klatschen.)*
Erzähler:	Jona ist glücklich, dass Gott ihn nicht verlassen hat. Er kniet sich auf den Sandboden und dankt Gott: *(Alle knien hin.)* »Danke Gott, danke. Nun geh ich nach Ninive. Amen.« *(Alle aufstehen.)*
Chor:	»Danke Gott, danke. Nun geh ich nach Ninive. Amen.«
Erzähler:	Und so kam es, dass Jona nach Ninive ging. Was er dort erlebt hat, ist eine weitere Geschichte.

Der Wal und die wogenden Wellen – Eine Aktionsgeschichte

Es war nicht ruhig, draußen auf dem Meer. Ein Sturm tobte.
(Mit heftigen Bewegungen beginnen, etwas Zeit lassen, dass sich die Kinder einstimmen können.)

Das Meer brauste.
(lautes Knallen)

Jona wurde aus dem Schiff geworfen.
(Alle rufen »ui, ui».)

Auf und nieder werfen ihn die Wellen.
(kräftige Bewegungen)

Immer lauter brüllt der Sturm.
(heftige Bewegungen, lautes Brüllen)

Da kommt ein großer Fisch.
(Bewegungen werden langsamer.)

Weit öffnet er sein Maul.
(Bewegungen werden noch langsamer.)

Und Jona schwappte geradewegs hinein.
(Wellen werden ruhiger.)

Der Fisch schaukelt auf den Wellen dahin.
(ruhige Auf- und Nieder-Bewegung)

Weit schwimmt der Fisch ins Meer hinaus.
Ganz entfernt hört Jona das Wasser rauschen.
(ganz leichte Wellen)

Drei Tage und drei Nächte ist dies so ruhig, aber dunkel für Jona.
(immer gleichmäßigere Wellen)

Jona betet. Hört Ihr es?
»Du Gott hörst mich auch im Fisch.
Errette mich. Hilf mir.
Lass mich nicht allein. Amen.«
(Alle rufen es dreimal.)

Dann macht der Fisch sein Maul weit auf.
Er spukt Jona aus.
(mit der Zunge schnalzen)

Hoch klatscht das Wasser.
(Noch eine große Welle machen.)

Dann wird es still. Und Jona sitzt an Land.
Leise plätschern die Wellen.

(Langsam abklingen lassen und die Plane/das Tuch ablegen. Eventuell einen zweiten Durchgang erzählen, wenn die Kinder daran Spaß haben. – Idee und Text: Alma Grüßhaber.)

Rituale und Gebete

Ich brauche mich nicht zu fürchten (nach Psalm 27)

Ich brauche mich nicht zu fürchten.

> Ich brauche mich nicht zu fürchten.
> Gott ist mein Licht, wenn es finster ist.
> Er ist mein Schutz, wenn ich Angst habe.
> Ich brauche mich nicht zu fürchten.
> Vor wem sollte ich mich fürchten?
> Vor den Menschen?
> Vor dem Alleinsein?
> Gott ist stärker.
> Gott ist bei mir.

Ich brauche mich nicht zu fürchten.

> Gott, verlass mich nicht.
> Zeige mir meinen Weg.
> Begleite mich.
> Wenn du bei mir bist, habe ich Mut.
> Wenn du mir hilfst, bin ich stark.
> Ich brauche mich nicht zu fürchten.
> Du, Gott, bist mein Licht,
> wenn es finster ist.
> Du bist mein Schutz in der Nacht.
> Ich danke dir, dass du mir hilfst.
> Ich brauche mich nicht zu fürchten.

Ich brauche mich nicht zu fürchten.

(C. Hörnig)

Alles wird gut, weil du da bist (nach Psalm 139)

Alles wird gut, weil du da bist.

> Darum bin ich dankbar
> für alle Geborgenheit und Liebe, die ich erlebe.
> Gut, das es Menschen gibt, die mich verstehen:
> meine Mutter, mein Vater, meine Geschwister oder meine Freunde.
> Sie meinen es gut mit mir.

Alles wird gut, weil du da bist.

> Gut, dass ich ein Zuhause habe,
> ein Zimmer, wo es gemütlich ist;
> dort fühle ich mich wohl.

Alles wird gut, weil du da bist.

> Manchmal habe ich Angst. Ich denke dann:
> Hoffentlich passiert meinen Eltern nichts.
> Manchmal kann ich nicht einschlafen.
> Dunkle Gedanken halten mich fest.

DER WAL

Alles wird gut, weil du da bist.

    Wenn alle mit mir schimpfen ist es auch so.
    Wenn ich etwas angestellt habe, weiß ich gar nicht mehr weiter.

Alles wird gut, weil du da bist.

    Danke, dass ich immer wieder umarmt werde.
    Danke, dass ich immer wieder getröstet werde.
    Danke, dass mir vergeben wird.

Alles wird gut, weil du da bist.

(C. Höring, nach Gottfried Mohr in: »Bei dir bin ich zu Hause. Texte für die Liturgie im Gottesdienst mit Kindern«, Verlag Junge Gemeinde, Leinfelden-Echterdingen 2001)

Lieber Gott, ich danke dir für den Fisch

Lieber Gott, ich danke dir für den Fisch.
Vor seinem großen Maul muss ich mich nicht fürchten.
Ich sitze darin wie in einer Schaukel.
Ich ertrinke nicht.
Du hast mir geholfen.

Wenn der Fisch sein Maul verschließt, wird es dunkel.
Aber ich brauche mich immer noch nicht zu fürchten.
Warm ist es hier.
Ich höre das Rauschen des Wassers, aber ich sitze im Trockenen.
Du, Gott, hast mich beschützt.

Und der Fisch hat sein Maul wieder geöffnet:
Ich sah das Licht, das Land und die Sonne.
Er spukte mich aus und ich spürte wieder Boden unter den Füßen.
Nun kann ich wieder gehen, laufen, tanzen, rennen.
Ich gehe dorthin, wo du es willst. - Nach Ninive.
O, mein Gott, wie danke ich dir!

(C. Hörnig)

In jedem Fest

In jedem Fest, guter Gott,
schenkst du uns himmlische Freude.
Lachen statt Weinen, Tanzen statt Streiten,
frohe Gesichter statt Ärger und Zorn.
Wir danken dir dafür, guter Gott.

(C. Hörnig)

DER WAL

Jona, Jona, auf nach Ninive

Refrain
Alle: Jona, Jona, auf nach Ninive, Jona, Jona, hör auf Gott und geh! *Einer:* 1. So sprach Gott zu Jona: Geh nach Ninive! Sage ja, hör mein Wort, mach dich auf und geh! Geh und sag den Leuten in der Stadt, dass ihr Leben bald ein Ende hat!

2. Jona hört Gottes Ruf. Doch es wird ihm schwer.
Er hat Angst vor der Stadt, fürchtet sich so sehr.
Ja, wer denkt schon an Gottes Strafgericht?
Sicher schlägt man ihn tot und glaubt ihm nicht.

3. Jona flieht mit dem Schiff auf die hohe See.
Nur schnell fort übers Meer, nicht nach Ninive.
Der Prophet erdenkt sich eine List,
er will in ein Land, wo Gott nicht ist.

4. Auf dem Meer kommt der Sturm, wirft sich auf das Schiff.
In die Flut Jona sinkt, Gott ist's, der ihn griff.
Im Rachen des Todes wird ihm klar,
seine Flucht vor Gott vergeblich war.

5. Und Gott rettet Jona aus der wilden See.
Jona sagt: »Ich bin bereit, geh nach Ninive.«
Darum hör, o Mensch, auf Gottes Wort
und sei gehorsam, lauf nicht fort.

Text und Melodie: Eberhard Laue. Aus: DIE NEUEN 4 – »Der Lobkreis«, Rechte: mundorgel verlag gmbh, Köln/Waldbröl

DER WAL

Tanzlied: Ich bin ich und du bist du

Ich bin ich und du bist du.
Komm, wir wollen tanzen immerzu.

Text, Musik und Spielidee: Hanne Viehoff. Aus: Eva Reuys, Hanne Viehoff, »Kleine Kinder kreativ«
© by Don Bosco Verlag, München, 1. Aufl. 1997

Leise, leis, leis

Leis, leis, leis, wir machen einen Kreis.
Und von Anfang bis zum Ende
reichen wir uns jetzt die Hände.
Leis, leis, leis, wir machen einen Kreis.

(überliefert)

Weitere Lieder:

»Wir singen alle Halleluja« (Seite 112)
»Vom Aufgang der Sonne« (LJ 268; SL 38; TG 103; MKL 36; LzU I 90)
»Das wünsch ich sehr« (LJ 488; SL 218; MKL 5)

DER WAL

Basteln und Gestalten

Festidee

Zum Schmücken:

Für jedes Kind eine Kette vorbereiten: bunte Schnur, 2–5 Papierfische aus Buntpapier oder Lederresten, Fimo oder Moosgummi (Schablonen siehe unten rechts).
Jedes Kind holt sich seine Materialien und fädelt mit Hilfe der Eltern diese auf die Schnur. Fertig ist der Halsschmuck.

Zum Essen:

Teller oder kleine Körbe mit Salzfischli aufstellen.

Zum Trinken:

Trinkbecher mit »Meerwasser« (= Sprudel) ausgeben.

Zum Tanzen:

Eventuell können nach dem Imbiss die Kinder zu einem Liedchen tanzen (siehe Seite 99). Dann setzen sich die Kinder auf den Boden und die Erwachsenen tanzen.
Als Schlusstanz eine ruhige Tanzform wählen, da sich der Schlussteil des Gottesdienstes anschließt.

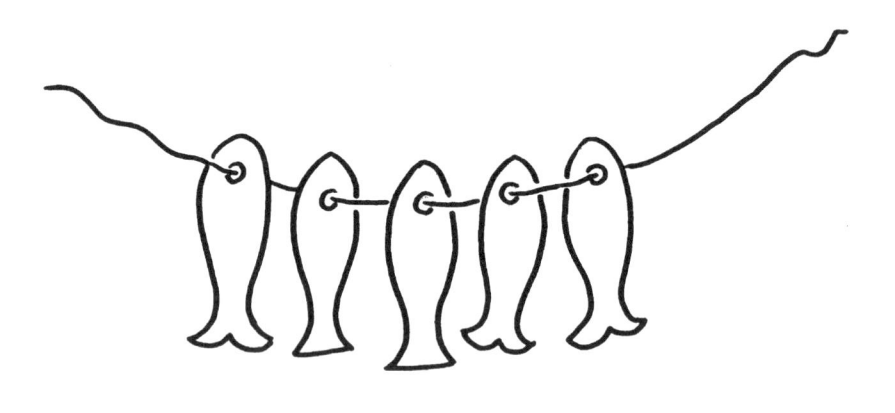

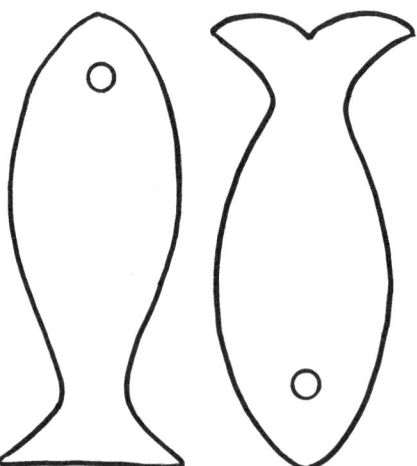

Der Wal

Material:

Blauen Fotokarton.
Pro Fisch eine Büroklammer und eine Flachkopfklammer

Werkzeug:

Klebstoff, Zackenschere

Herstellung:

Die beiden Teile, Fischleib und Unterkiefer, nach Schablone ausschneiden (siehe rechte Seite).
Mundstücke mit der Zackenschere nachschneiden, an den angezeichneten Stellen festklammern.
Fertig ist der Wal – mit beweglichem Maul. Vorsicht, er kann beißen oder verschlucken.
Eignet sich zum Mitgeben, bei größeren Kindern auch zum Basteln.

(Idee: C. Hörnig)

DER WAL

Unterwasserlandschaft zum Ausmalen

Vorlage (S. 104) kopieren und Farbstifte auslegen.

Das Bild von den Kindern ausmalen lassen. Es kann dann im Gottesdienstraum ausgestellt oder mit nach Hause genommen werden.

Hand- und Fingerpuppe aus Filz

Material:
Filz in verschiedenen Farben

Werkzeug:
Schere, Bleistift, Näh- oder Stickgarn und Nadel, Klebstoff

Herstellung:
Die Schablonen A oder B (siehe S. 102) auf den Filz übertragen und zuschneiden. Die Ränder entweder mit Klebstoff verbinden oder mit einem Plattstich festnähen (ca. 1 cm Randzugabe zurechnen). Der Eingriff für der Hand oder den Finger ist an der Flosse.
Aus dunklerem Filz Augen oder Maul ausschneiden und festkleben. Wer den Fisch verzieren möchte, kann farbige Punkte oder Schuppen zuschneiden und aufkleben.
Dann kann gespielt werden.

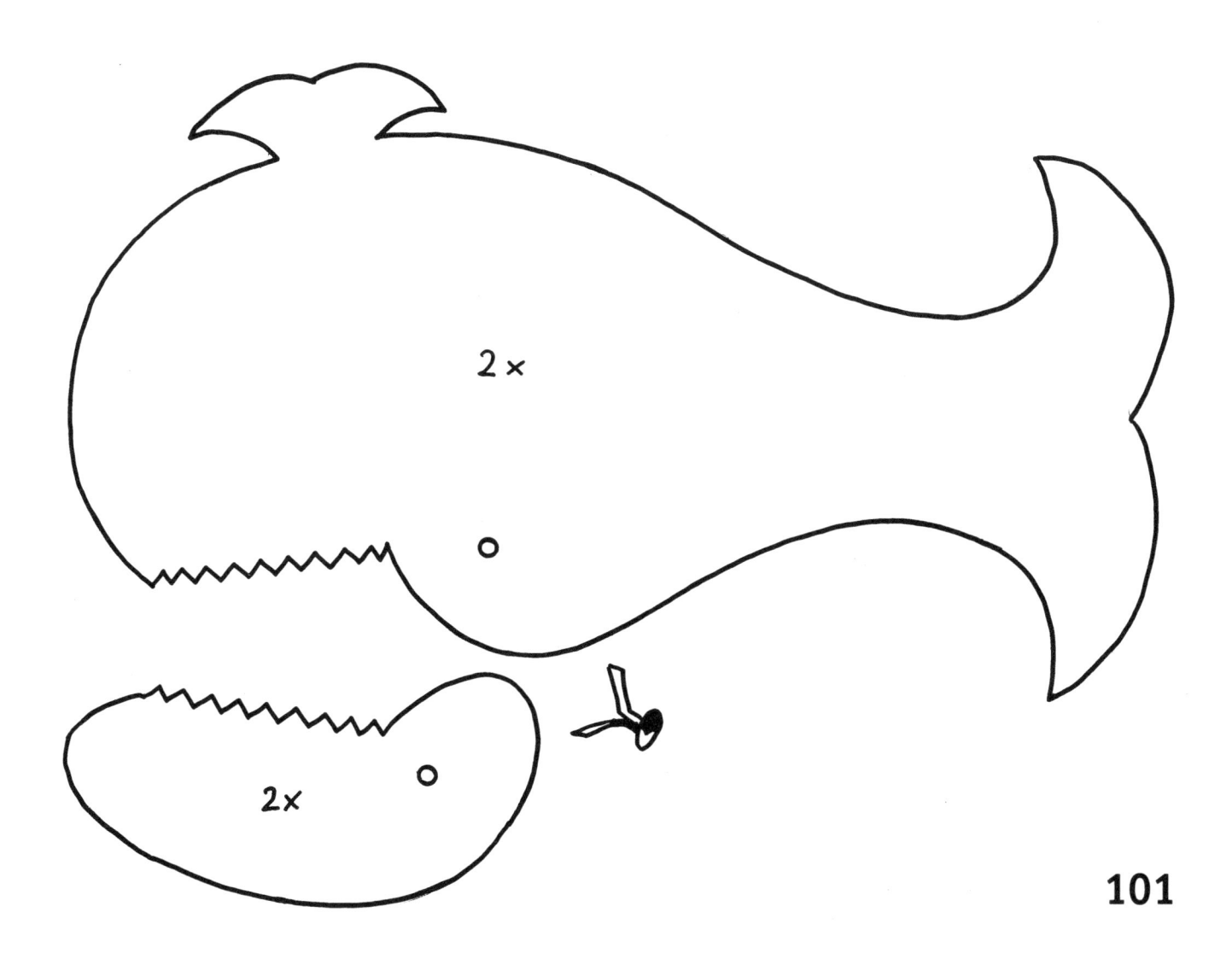

101

102

Schablone A

Schablone B

Der Wal

Walfisch – ganz groß

Material:

Styroporplatte vom Baumarkt, ca 1–2 m, Abtönfarbe oder Moosgummireste

Werkzeug:

Messer, Schraubenzieher oder Draht, Bleistift, Pinsel, Perlonfaden, Tacker

Herstellung:

Den Riesenfisch mit Bleistift aufmalen und mit dem Messer zuschneiden. Entweder mit Abtönfarben bemalen, zuvor Rillen, oder Muster einkerben. Oder aus Moosgummiresten einen bunten Schuppenfisch gestalten. Diese ankleben oder festtackern.
Wer den den Fisch aufhängen will, soll dies mit Perlonschnüren tun.

Fische fangen

Spiele

Material:

Aus Ton- oder Buntpapier Fische ausschneiden. Vier Farben wählen.

Spielform:

6–10 Kinder haben dieselbe Fischfarbe. Der Fisch wird mit Tesakrepp an der Hose, am T-Shirt oder am Ärmel befestigt.

Die Spielordnung lautet: Alle stellen sich im Kreis auf. Auf Zuruf beginnt das Fangespiel.
Die Kinder müssen ihre Farbe behalten und die andere ausfindig machen.
Rot fängt grün. Gelb fängt Blau. Dann ist Wechsel. Jedes Kind ist einmal Fischer und einmal Fisch.

Variante: Ein Kind ist der Wal (besonders großer Fisch). Er darf nur von jeder Farbe einen Fisch fangen. Dann wird entschieden, wer der nächste Wal ist.

Das Meer blubbert und rauscht

Material:

Große Plastikwanne oder Riesenschüssel mit Wasser füllen. Jedes Kind bekommt einen Trink- oder Strohhalm.

Spielform:

Es gilt nun, möglichst laut zu blubbern. Als Erfahrung ist die Blastechnik wichtig. Es kann laut oder leise tönen, dazu können die Kinder aufgefordert werden.
Achtung: Jüngere Kinder trinken dabei. Deshalb nur sauberes Wasser verwenden.

Literatur

»Jona«, Bilderbuch von Kees de Kort
Deutsche Bibelgesellschaft, Stuttgart

Diaserie zum Bilderbuch »Jona«
erhältlich bei den Landesfilmdienststellen und den Ev. Medienzentralen

Vorlage aus: Nußbaum/Dürr/Erker, »Zappelfinger-Mitmachbuch«, © 2000 Pattloch-Verlag GmbH & Co. KG, München

Weitere Bausteine

Die Geschichte vom Igel Ingemar

Erzählung

Der Igel Ingemar ist noch ein Igelkind. Im Sommer ist er geboren. Er ist nun ein halbes Jahr alt. Zusammen mit vier Geschwistern wohnt er unter einem dichten Busch. Tagsüber rollt er sich ein, schläft und versteckt sich. Abends kommt er heraus und sucht etwas zu fressen.

Der Igel Ingemar findet, dass es jeden Tag schöner wird auf der Welt. Vor seinem Busch wächst nämlich ein großer Baum. Und dieser Baum wirft dem Igelkind jetzt die besten Leckerbissen gerade vor die Füße: süße, rote Äpfel. Ingemar braucht nicht lange zu suchen. Er braucht nur zu essen. Das ist auch gut so, denn Ingemar hat jeden Tag mehr Hunger. Am Anfang reichte ihm noch ein Apfel, damit er satt wurde. Inzwischen braucht er vier Äpfel am Tag.

Ingemar versucht, zum Baum hinaufzuschauen. Er will wissen, wie viele Äpfel noch oben hängen. Da fällt ihm auf, dass der Baum anders aussieht. Die Blätter sind nicht mehr grün, sondern gelb oder rot. Und jeden Tag fallen Blätter herunter. Ingemar erschrickt: »Was hat der Baum? Ist der Baum krank? Hat der Baum Durst und braucht Wasser? Warum fallen die Blätter ab?«

Ingemar geht zur Igelmama. Die erklärt ihm: »Weißt du, Ingemar, das ist so: der Baum hat ein anstrengendes Jahr hinter sich. Er hat so viele Äpfel bekommen. Jetzt macht er sich fertig für die kalte Jahreszeit. Im Winter ruht er sich aus. Er ist nun müde. Deshalb werden seine Blätter gelb, fallen ab und er darf schlafen.«

»Ich bin auch müde«, gähnt Ingemar. »Das ist ganz normal«, sagt die Mutter. »Wir Igel machen uns jetzt auch bereit für den kalten Winter. Dann werden wir ausruhen und auch schlafen. Zuerst aber müssen wir dick und kugelrund werden, sonst können wir nicht so gut ruhen.« »Deshalb habe ich so riesigen Hunger!«, ruft Ingemar. »Ja, iss nur so viele Äpfel, wie du kannst«, rät die Mutter. »Und wenn dann der Schlaf kommt, dann musst du dir in den heruntergefallenen Blättern ein Bett machen und dich einkuscheln. Den ganzen Winter bleibt es dann um dich schön warm, auch wenn draußen der Wind pfeift und der Schnee fällt. Komm, wir üben, wie man ein Kuschelbett macht.« Ingemar und seine Mutter schieben viele Blätter zusammen, dann kuscheln sie sich ins weiche Nestchen. »Toll ist das!« ruft Ingemar. »Danke, Apfelbaum, danke für alles.«

Plötzlich sind Schritte zu hören. Kinder kommen vorbei. Sie lachen und sagen: »Schaut, ein Apfelbaum.« Ein Kind hebt einen Apfel auf und beißt hinein. Es ruft: »Die Äpfel sind lecker! Sie sind saftig und süß.« Da nehmen sich auch die anderen Kinder einen Apfel und lassen es sich schmecken. »Ich nehme einen Apfel mit nach Hause«, ruft ein Mädchen und alle Kinder machen es nach.

Ingemar sitzt unter seinem Busch und denkt: »Die nehmen mir ja alles weg. Wovon soll ich den heute Abend satt werden.?« Eines der Kinder nimmt jetzt einen Arm voller Laub und wirft es hoch. Andere machen mit und eine richtige Laubschlacht beginnt. Alle lachen. Ingemar denkt: »Erst nehmen sie die Äpfel weg und dann auch noch die Blätter. Hoffentlich muss ich im Winter nicht erfrieren.«

Noch sitzt Ingemar in seinem Versteck unter dem Busch. Leise stupst er seine Mama an und fragt »Nehmen die Kinder alles mit?« »Aber nein, Ingemar«, beruhigt ihn die Mutter. »Weißt du, es ist genug da. Gott sorgt für die Menschen und die Igel.« »Gott«? fragt Ingemar. »Ja, Gott«, sagt die Igelmutter. »Er hat so viele Äpfel wachsen lassen, es reicht für alle. Und die Blätter reichen auch – für den Spaß der Kinder und für unser Winterbett.« Als Ingemar am Abend einschläft, denkt er lange darüber nach.

(Erzählung von Susanne Jasch, Pfarrerin in Erdmannhausen)

Rituale und Gebete

Gebet

(Einer spricht Zeile für Zeile vor, alle sprechen nach.)

Danke Gott, für die guten Äpfel.
Danke Gott für die schönen Herbstblätter
und dass Igel darin Schutz finden.
Danke, dass du genug wachsen lässt
für Menschen und Tiere.

(Susanne Jasch)

Basteln und Gestalten

Ein Igel, der laufen kann

Material:

Karton, Bleistift, braune Farbstifte, schwarzer Filzstift, pro Igel eine Beutelverschlussklammer.

Werkzeug:

Schere, Locher

Herstellung:

Den Igel nach Schablone aufzeichnen (siehe rechte Seite), ebenso die Beine. Beide Teile ausschneiden, bemalen und am bezeichneten Punkt lochen.
Das Beinrad mit der Beutelverschlussklammer befestigen. Und schon kann der Igel davonlaufen – vor allem auf dem Tisch, auf dem Boden und über den Arm ...
Wenn die Bastelarbeit mit Kleinkindern gemacht wird, dann das »Beinrad« vorschneiden.

Weitere Bausteine

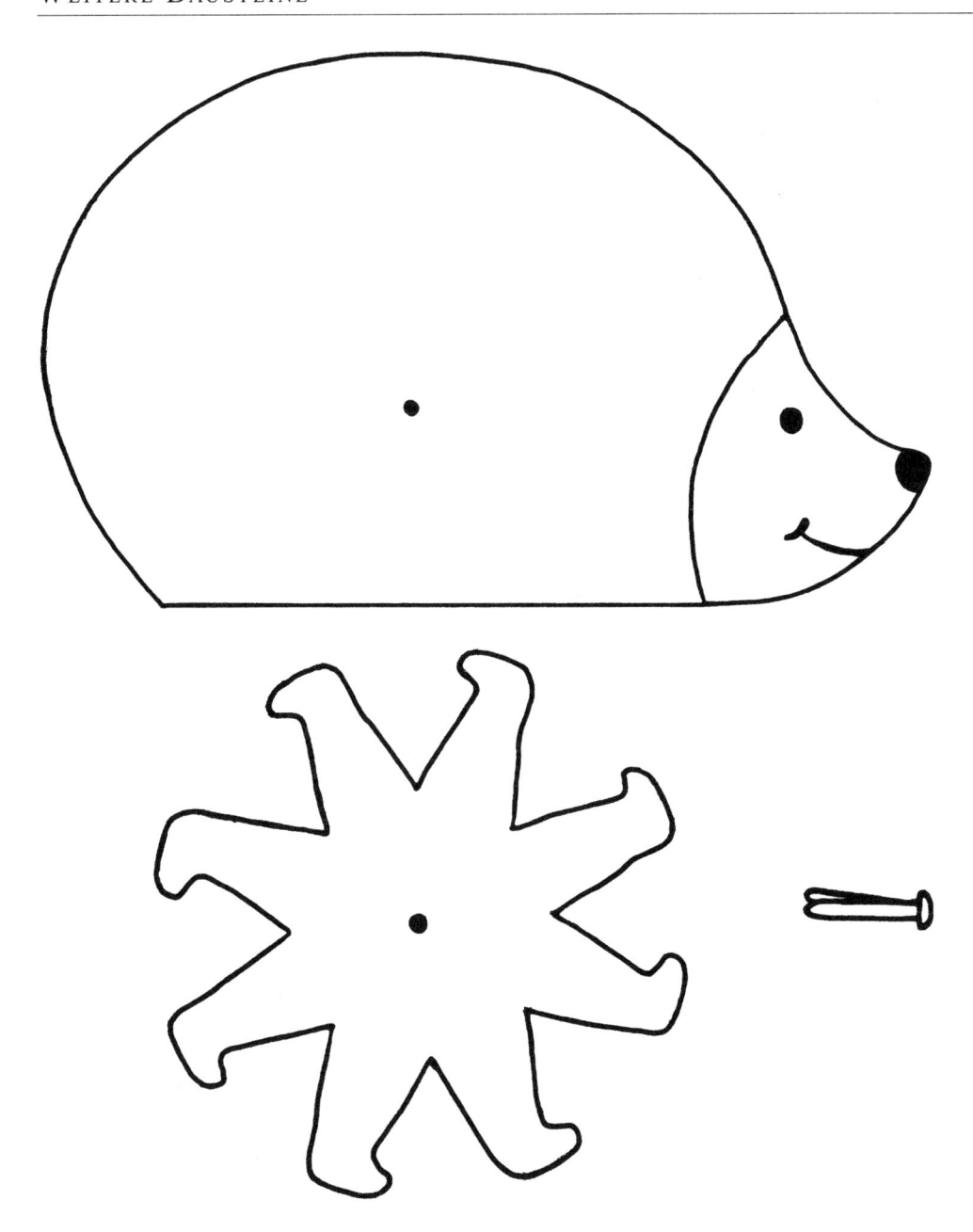

Fingerspiel: Kommt ein kleiner Mann daher

Spiele

Text	Bewegungen
Kommt ein kleiner Mann daher,	*Der linke Daumen ist der kleine Mann.*
kommt zum Apfelbäumchen,	*Rechte gespreizte Hand als Apfelbäumchen.*
schaut hinauf und freut sich sehr,	*Linker Daumen wackelt leicht.*
sieht die vielen Äpfel.	
Und er schüttelt,	*Linker Daumen am Baum.*
schwapp-schwapp-schwapp,	*Rechte Hand bewegt sich hin und her.*
fallen alle Äpfel ab.	
Männlein liest sie in den Sack,	*Linker Daumen macht Bewegungen in die rechte Hand, die nun einen Sack darstellt.*
trägt nach Haus sie huckepack.	*Mit beiden Händen an die Schulter, so tun, als ob man einen Rucksack trägt.*

(Mündlich überliefert)

Maulwurf Manne und Bohne Berta – Ein Figurenspiel

Vorbereitung:

Maulwurf und Bohne herstellen:
Aus Karton die Figur des Maulwurfs und den Umriss der Bohne ausschneiden. Die Figuren so groß wählen, dass ein Erwachsener dahinter verschwinden kann. Entweder als Stabfiguren herstellen (Anleitung Seite 70) oder als Umhängefigur (z. B. mit einer Schnur versehen), so dass die Figur um den Hals getragen werden kann. Für die Bohne werden Wollfäden benötigt sowie grüne Blätter und ein Stängel. Die Wollfäden werden an einem Ende auf der Rückseite der Bohne angeklebt und die anderen freien Enden zur Mitte hin eingeschlagen und mit einem Klebestreifen befestigt. Im Spiel wird der Klebestreifen entfernt. Die Wollfäden fallen dann nach unten und symbolisieren die Wurzeln der Bohne.
Wer Spaß hat, kann die Figuren künstlerisch ausgestalten, z.B. bemalen, mit Fell bekleben usw.

Spielform:

Rollenspiel, gebraucht wird ein/e Erzähler/in, eine Person für den Maulwurf und ein Spieler für die Bohne.

Spielbühne:

Den Boden mit braunen Tüchern bedecken, Laub, Wurzeln, Erde, Schneckenhäuschen, Steine usw. auslegen. Die Figuren »Maulwurf« und »Bohne« sind schon auf der Bühne, eventuell mit Tüchern etwas bedeckt.

Figurenspiel:

Erzählerin: *(tritt auf die Bühne)* Ich erwarte jetzt einen besonderen Gast.
Er heißt Manfred, wird aber Manne genannt.
Er ist noch klein und ganz schüchtern.
Am liebsten ist er unter der Erde.
Ich glaube, wenn wir jetzt alle klatschen, dann würde er merken, dass wir uns freuen und vielleicht herauskommen.
Könnt ihr mir helfen, ihn willkommen zu heißen?

(Alle klatschen. Der Maulwurf räkelt sich und kommt langsam und vorsichtig aus der Erde.)

Erzählerin: *(tritt auf ihn zu)* Hallo Manne, toll, dass du da bist.
Schön, dass du aus der Erde herausgekommen bist.
Ich kann es mir gar nicht vorstellen, wie das ist, immer unter der Erde zu leben.
Erzähl doch mal!

Maulwurf: Danke, dass ihr mich so freundlich begrüßt habt.
Unter der Erde – wie es da ist?
Unter der Erde, da ist es schön.
Im Winter schön warm und im Sommer schön kühl.
Es ist immer schön dunkel und immer interessant.

Erzählerin: *(verwundert)* Was ist denn unter der Erde interessant?
Da ist doch nur Erde!

Maulwurf: Nein. Da ist nicht nur Erde.
Da wohnen viele Freunde von mir: Würmer, Schnecken,

Käfer, Mäuse, Füchse, Raupen …
(Er kann die Kinder fragen, was ihnen noch einfällt, was unter der Erde ist.)
Es gibt viele Wurzeln. Manchmal findet man Steine.
Immer begegne ich neuen Dingen.
Vor ein paar Tagen, da traf ich auf etwas ganz komisches.
Ich hatte es noch nie vorher gesehen.
Es war weiß, hart, glatt, dick und bewegte sich gar nicht.
Ich fragte das Ding: »Wie heißt du?«
Ich bekam keine Antwort. Es schien zu schlafen.
Ich stubste es vorsichtig an, aber es bewegte sich nicht.
Es schien ganz tief zu schlafen.
Immer wieder bin ich an diese Stelle gekrochen.
Immer lag dieses weiße Ding unbeweglich in der Erde.

(Die Bohne wälzt sich heraus und kommt an.)

Maulwurf: Das ist so ein Ding! *(zeigt auf die Bohne)*
Kinder, wisst ihr, wer das ist?
Kinder, wisst ihr, wie das heißt?
(Kinder äußern sich.)

Bohne: Ich heiße Berta und bin eine Bohne:
Schön, weiß, glatt, hart und dick.
Seit einer Woche liege ich in der Erde.
Ich habe wirklich tief geschlafen
und bin immer dicker geworden.
Aber jetzt, jetzt regt sich Leben in mir.
Meine glatte Haut spannt. Es ist, als würde ich platzen.
Wurzeln wachsen nach unten.

(Klebestreifen abziehen und Wollfäden nach unten fallen lassen.)

Da, schaut her, da wächst etwas aus mir heraus.
Ich bekomme Wurzeln.
Mit ihnen kann ich das Wasser aus der Erde trinken.
Das ist gut und gibt mir noch mehr Kraft.
Ich will weiter wachsen.
Tatsächlich, ich wachse weiter. Ist das aufregend.
Jetzt wachse ich nach oben.

(Blätter stoßen heraus und entfalten sich.)

Ich bekomme Blätter. Ich werde immer größer.
Ist das ein schönes Gefühl.
Ich wachse aus der Erde heraus.
Ich spüre kühlen Wind und die warme Sonne.
Ich sehe den blauen Himmel und die bunten Blumen.
Ich höre Vögel und Kinder singen und lachen.
Wo ich wohl noch hinwachse?

Maulwurf: Glaubt ihr mir jetzt, Kinder? Glaubt ihr mir,
dass es unter der Erde ganz schön interessant ist?
Über der Erde ist es natürlich auch schön.
Immer wieder traue ich mich heraus aus der Dunkelheit.
Am liebsten schaue ich in der Nacht.
Ich muss doch sehen, wie es mit Bohne Berta weitergeht!

Erzählerin: Ich glaube dir, dass das Leben interessant ist, Manne Maulwurf.
Unter der Erde und über der Erde ist es schön.
Etwas wachsen zu sehen, macht uns alle froh.
Wir staunen über das Wunder, das dabei geschieht.
Wir staunen über Gott, der das Wachsen schenkt.
Gott schickt den Regen und die Sonne.
Gott hat die Tiere und die Pflanzen geschaffen.
Gott hat die Bohne geschaffen. Ihre Wurzeln wachsen.
Sie hat Blätter, bekommt Blüten, trägt Früchte.
Gott schenkt ihr Lebenskraft.
Gott gibt Segen.
Das ist ein Wunder.

(Susanne Jasch, Pfarrerin in Erdmannhausen)

Basis-Lieder für den Kleinkindergottesdienst

Lieder zum Beginn

Wir singen alle Halleluja

Wir sin-gen al-le Hal-le-lu–, Hal-le-lu–, Hal-le-lu–,
wir sin-gen al-le Hal-le-lu–, Hal-le-lu - ja!

Wir tanzen alle Hallelu-, Halleluja!
Wir klatschen alle Hallelu-, Halleluja!
Wir schnalzen alle Hallelu-, Halleluja!
Wir stampfen alle Hallelu-, Halleluja!
Wir patschen alle Hallelu-, Halleluja!
Wir pfeifen alle Hallelu-, Halleluja!

Text: Rolf Krenzer aus: »Ein Strumpf gehört an jedes Bein«
© Verlag Ernst Kaufmann, Lahr; Melodie: aus Finnland

Gottes Liebe ist so wunderbar

Strophe

Gottes Liebe ist so wunderbar, Gottes Liebe ist so wunderbar, Gottes Liebe ist so wunderbar, so wunderbar groß.

Refrain

So hoch, was kann höher sein, so tief, was kann tiefer sein, so weit, was kann weiter sein, so wunderbar groß.

2. Gottes Güte ist so wunderbar ...
3. Gottes Treue ist so wunderbar ...
4. Gottes Gnade ist so wunderbar ...
5. Gottes Reichtum ist so wunderbar ...

Negro-Spiritual; Rechte unbekannt

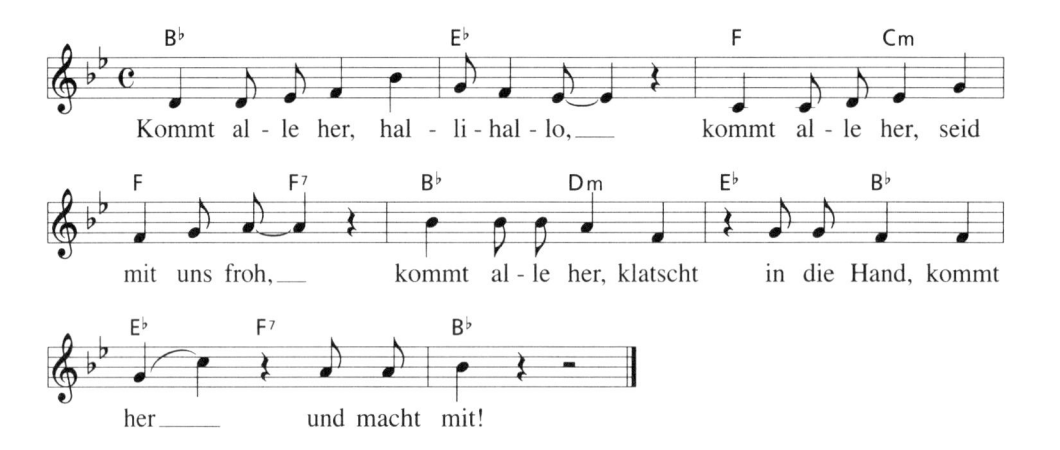

Kommt alle her

Kommt al - le her, hal - li - hal - lo, kommt al - le her, seid mit uns froh, kommt al - le her, klatscht in die Hand, kommt her und macht mit!

2. Kommt alle her, die Musik spielt.
Kommt alle her, singt dieses Lied.
Kommt alle her, stampft mit dem Fuß,
kommt her und macht mit!

3. Kommt alle her, ob klein ob groß,
kommt alle her, hier ist was los.
Kommt alle her, springt in die Luft,
kommt her und macht mit!

4. Kommt alle her, klatscht in die Hand.
Kommt alle her, stampft mit dem Fuß.
Kommt alle her, springt in die Luft,
kommt her und macht mit!

Text: Hans-Jürgen Netz, Musik: Rainer Ibe. Aus: »Mein Liederbuch«, Band 1, 1981
Alle Rechte im tvd-Verlag, Düsseldorf

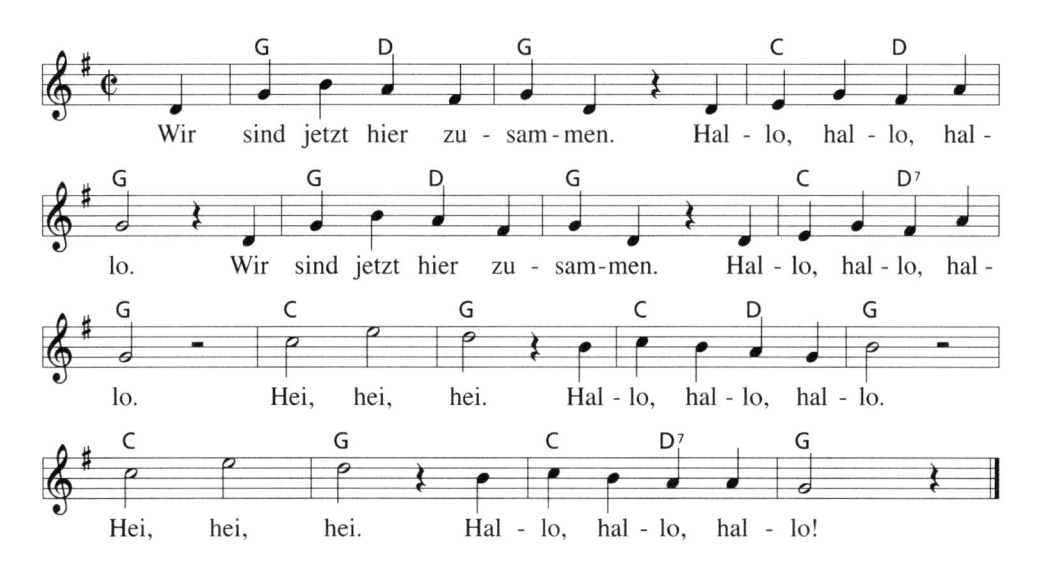

BASISLIEDER

Wir sind jetzt hier zusammen

Wir sind jetzt hier zusammen. Hallo, hallo, hallo.
Wir sind jetzt hier zusammen. Hallo, hallo, hallo.
Hei, hei, hei. Hallo, hallo, hallo.
Hei, hei, hei. Hallo, hallo, hallo!

Wir grüßen unsern Nachbar, hallo ...

Wir klatschen in die Hände, hallo ...

Wir singen frohe Lieder, hallo ...

Wir singen laut und leise, hallo ...

Wir schaun uns in die Augen, hallo ...

Wir stehen auf und hüpfen, hallo ...

Wir drehn uns auf der Stelle, hallo ...

Wir reichen uns die Hände, hallo ...

*Das Lied lässt sich natürlich mit weiteren Versvariationen singen,
z.B. auch »Wir brüllen wie die Löwen ...« oder »Wir sagen guten Morgen ...«*

Text und Melodie: Thomas Knodel. Rechte beim Autor

Lieder zum Thema Schöpfung

Du hast uns deine Welt geschenkt

1. Du hast uns deine Welt geschenkt: den Himmel, die Erde. Du hast uns deine Welt geschenkt. Herr, wir danken dir.

2. Du hast uns deine Welt geschenkt:
die Länder – die Meere.
Du hast uns deine Welt geschenkt:
Herr, wir danken dir.

3. Du hast uns deine Welt geschenkt:
die Sonne – die Sterne.
Du hast uns deine Welt geschenkt:
Herr, wir danken dir.

4. Du hast uns deine Welt geschenkt:
die Blumen – die Bäume.
Du hast uns deine Welt geschenkt:
Herr, wir danken dir.

5. Du hast uns deine Welt geschenkt:
die Berge – die Täler.
Du hast uns deine Welt geschenkt:
Herr, wir danken dir.

6. Du hast uns deine Welt geschenkt:
die Vögel – die Fische.
Du hast uns deine Welt geschenkt:
Herr, wir danken dir.

7. Du hast uns deine Welt geschenkt:
die Tiere – die Menschen.
Du hast uns deine Welt geschenkt:
Herr, wir danken dir.

8. Du hast uns deine Welt geschenkt:
Du gabst mir das Leben.
Du hast mich in die Welt gestellt.
Herr, wir danken dir.

9. Du hast uns deine Welt geschenkt:
Du gabst uns das Leben.
Du hast uns in die Welt gestellt.
Herr, wir danken dir.

Text: Rolf Krenzer; Musik: Detlev Jöcker. Aus: Buch, CD und MC »Viele kleine Leute«
Alle Rechte im Menschenkinder Verlag, 48157 Münster

BASISLIEDER

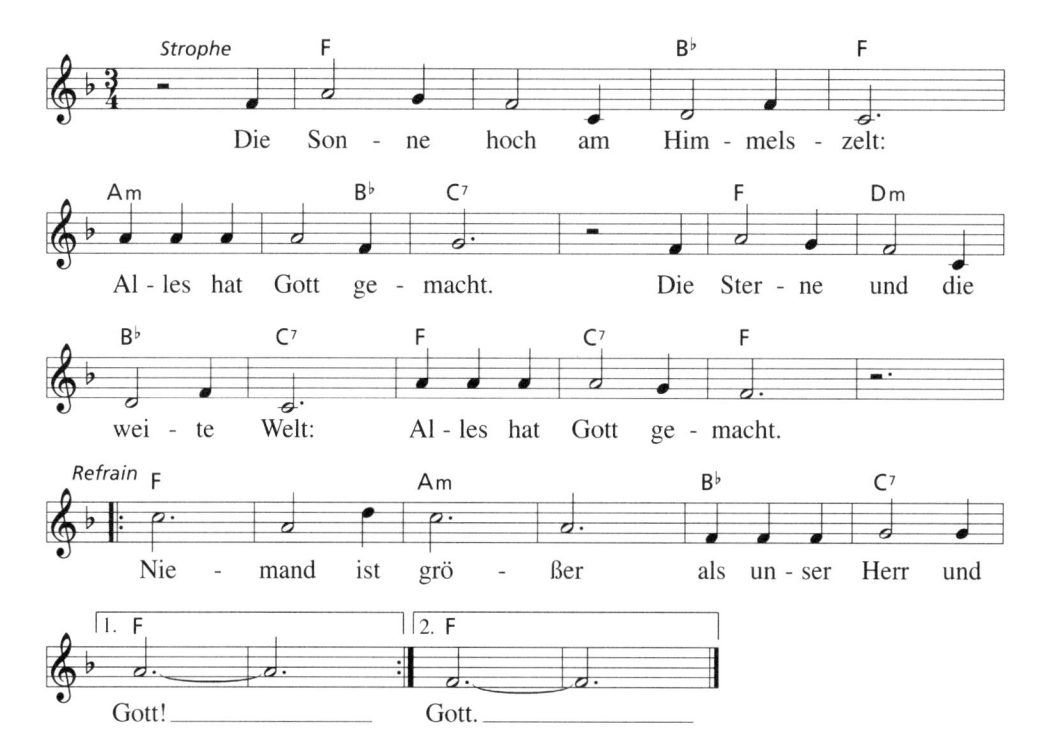

Die Sonne hoch am Himmelszelt

Die Sonne hoch am Himmelszelt:
Alles hat Gott gemacht.
Die Sterne und die weite Welt:
Alles hat Gott gemacht.

Refrain:
Niemand ist größer als unser Herr und Gott!

2. Die Blumen, Vögel, jedes Tier:
Alles hat Gott gemacht.
Er schenkte sie zur Freunde mir:
Alles hat Gott gemacht.
    Niemand ist größer ...

3. Die Wälder, Flüsse und das Meer:
Alles hat Gott gemacht.
Und darum loben wir ihn sehr:
Alles hat Gott gemacht.
    Niemand ist größer ...

Text.: Hermann Bergmann, Musik: Hartmut Wortmann. Aus: Liederbuch und CD »Es läuten alle Glocken«
© 1995 Lahn-Verlag, Limburg-Kevelaer

Was nah ist und was ferne

1. Was nah ist und was ferne, von Gott kommt alles her. Der Strohhalm und die Sterne, der Sperling und das Meer.

2. Von ihm sind Büsch' und Blätter
und Korn und Obst von ihm,
von ihm mild Frühlingswetter
und Schnee und Ungestüm.

3. Er lässt die Sonn aufgehen,
er stellt des Mondes Lauf,
er lässt die Winde wehen,
er tut den Himmel auf.

4. Er schenkt uns so viel Freude,
er macht uns frisch und rot,
er gibt dem Vieh die Weide
und seinen Menschen Brot.

Text: Matthias Claudius; Melodie: Manfred Bauer. Aus: »Herr, du bist mein Freund; Relig. Kinderlieder«
Rechte im RPA Verlag, Landshut

BASISLIEDER

Er hält die ganze Welt

1. Er hält die ganze Welt in seiner Hand, er hält die ganze Welt in seiner Hand, er hält die ganze Welt in seiner Hand, Gott hält die Welt in seiner Hand.

2. Er hält das winzig kleine Baby in seiner Hand ...

3. Er hält die Sonne und den Mond in seiner Hand ...

4. Er hält die Fische und die Vögel in seiner Hand ...

5. Er hält auch dich und mich in seiner Hand ...

*Auch dieses Lied kann mit anderen Texteinsetzungen variiert werden,
z.B.: Er hält die Tulpen und Narzissen in seiner Hand ...*

Text und Melodie: Spiritual

So viel Freude

1. So viel Freude hast du, Gott, in die Welt gegeben:
Sonne, Sterne, Schmetterlinge, Lieder, Blumen, schöne Dinge,
dass wir fröhlich leben.

2. Und du gibst uns einen Ort,
den wir Heimat nennen:
Städte, Dörfer, uns gebaut,
Berge, Täler, uns vertraut,
die wir lieben, kennen.

3. Um uns liebe Menschen sind,
die uns treu begleiten:
Eltern erst, die mit uns gehen,
Freunde auch, uns beizustehen
auf dem Weg, dem weiten.

4. Und du lässt uns mit Verstand
schaffen, planen, walten:
Krankenhäuser und Maschinen,
Schulen, Flugzeug, Straßen, Schienen –
diese Welt gestalten.

Text und Melodie: Martin Gotthard Schneider. Rechte beim Autor.

BASISLIEDER

Guter Gott, danke schön

Lieder zum Schluss

Guter Gott, danke schön! Wenn wir nun nach Hause gehn.
Du gabst uns Speis und Trank, dir sei Lob und Dank!

Refrain
Fröhlich gehe ich, denn der Herr segnet mich.

2. Segne uns, guter Gott,
dass wir halten dein Gebot,
dass wir treu zu dir steh'n,
deine Wege geh'n.
Fröhlich gehe ich …

3. Sonnenschein lass es sein
bis in unser Herz hinein,
dass wir stets frohgesinnt
deine Kinder sind.
Fröhlich gehe ich …

Text: Hermann Bergmann; Melodie: Hartmut Wortmann. Aus: Liederbuch und CD »Es läuten alle Glocken«
© 1995 Lahn-Verlag, Limburg-Kevelaer

121

Gott, dein guter Segen

1. Gott, dein guter Segen ist wie ein großes Zelt,
hoch und weit, fest gespannt über unsre Welt.
Guter Gott, ich bitte dich: Schütze und bewahre mich.
   Lass mich unter deinem Segen leben und ihn weiter geben.
   Bleibe bei uns alle Zeit; segne uns, segne uns,
   denn der Weg ist weit, denn der Weg ist weit.

2. Gott, dein guter Segen ist wie ein helles Licht,
leuchtet weit alle Zeit in der Finsternis,
Guter Gott ich bitte dich: Leuchte und erhelle mich.
   Lass mich unter deinem Segen ...

3. Gott, dein guter Segen ist wie des Freundes Hand,
Die mich hält, die mich führt in ein weites Land.
Guter Gott ich bitte dich: Führe und begleite mich.
   Lass mich unter deinem Segen ...

4. Gott, dein guter Segen ist wie der sanfte Wind,
der mich hebt, der mich trägt wie ein kleines Kind.
Guter Gott ich bitte dich: Stärke und erquicke mich.
   Lass mich unter deinem Segen ...

5. Gott, dein guter Segen ist wie ein Mantelkleid,
das mich wärmt und beschützt in der kalten Jahreszeit.
Guter Gott, ich bitte dich: Tröste und umsorge mich.
    Lass mich unter deinem Segen ...

6. Gott, dein guter Segen ist wie ein weiches Nest.
Danke, Gott, weil du mich heute leben lässt.
Guter Gott, ich danke dir. Deinen Segen schenkst du mir,
und ich kann in deinem Segen leben und ihn weitergeben.
Du bleibst bei uns alle Zeit, segnest uns, segnest uns,
denn der Weg ist weit.

Text: Reinhard Bäcker; Musik: Detlev Jöcker. Aus: Buch, CD und MC »Viele kleine Leute«
Alle Rechte im Menschenkinder Verlag, 48157 Münster

Der Herr segne dich

1. Der Herr segne dich und behüte dich, und Freude leuchtet über deinen Wegen. Der Herr segne dich und behüte dich; in seine Hände kannst du alles legen. Amen, Amen, Amen, du gehst nicht allein. Amen, Amen, Amen, es wird Friede sein.

2. Der Herr segne dich und behüte dich,
der auch den fernsten Stern beim Namen nennt.
Der Herr segne dich und behüte dich,
er ist's, der auch dein Licht und Dunkel kennt.
Amen, Amen, Amen ...

3. Der Herr segne dich und behüte dich,
er ging für dich den Weg, der Liebe heißt.
Der Herr segne dich und behüte dich,
er leite dich mit seinem guten Geist.
Amen, Amen, Amen ...

Text und Melodie: Ulrich Gohl, © Carus-Verlag, Stuttgart

BASISLIEDER

Alle Kinder dieser Welt sind dein

Al - le Kin-der die-ser Welt sind dein: Seg - ne sie al - le, Herr!
Brei - te dei - ne Hän - de aus, nimm uns all' in dei - ne Hut.
Brei - te dei - ne Hän - de aus, dann wird al - les gut.

2. Alle, schwarze, weiße, groß und klein:
Segne sie alle, Herr!
Millionen leiden Hungersnot:
Segne sie alle, Herr!
Breite deine Hände aus ...

3. Viele Kinder leiden, sie sind krank:
Segne sie alle, Herr!
Viele müssen leiden lebenslang:
Segne sie alle, Herr!
Breite deine Hände aus ...

4. Schütze uns vor Unfall und Gefahr:
Hilf uns, Herr Jesus Christ!
Sei bei Spiel und Sport uns immer nah:
Hilf uns, Herr Jesus Christ!
Breite deine Hände aus ...

Text: Hermann Bergmann; Melodie: Hartmut Wortmann: Aus: Liederbuch und CD »Es läuten alle Glocken«
© 1995 Lahn-Verlag, Limburg-Kevelaer

Literatur

Liederbücher

Markus Hartenstein, Gottfried Mohr (Hg.), Liederbuch für die Jugend, Geistliche Lieder für Schule und Kindergottesdienst, Quell Gütersloher Verlagshaus, Gütersloh, 20. Auflage 1999

Elsbeth Bihler, Walburga Schnock, Hans-Heiz Riepe (Hg.), Schwerter Liederbuch »Singt dem Herrn«, BDKJ Verlag, Paderborn, 7. Auflage 1990

Menschenskinderlieder, Beratungsstelle für Gestaltung von Gottesdiensten und anderen Gemeindeveranstaltungen, Eschersheimer Landstraße 565, Frankfurt, 6. Auflage 1990

Troubadour für Gott, Kolping-Bildungswerk, Diözesanverband Würzburg

Detlev Jöcker, Liederbuch zum Umhängen, 100 der schönsten religiösen Kinderlieder, Menschenkinder-Verlag, Münster, 2. Auflage 1990

Manfred Bauer, Herr, du bist mein Freund, Religiöse Kinderlieder, RPA Verlag GmbH, Landshut, 2. Auflage 1996

Rolf Schweizer, Ulrich Zimmer (Hg.), Seht das große Sonnenlicht, Geistliche Kinderlieder mit Begleitsätzen zum Singen und Spielen, Bärenreiter-Verlag, Kassel 1981

Susanne Brandt-Köhn, Bärenstark und mauseschlau, Neue Lieder mit Geschichten und Spielanregungen, Don Bosco Verlag, München 1995

Bibelausgaben

Das große Bibelbilderbuch, alle Geschichten der Reihe »Was uns die Bibel erzählt« in einem Band, Deutsche Bibelgesellschaft, Stuttgart 1994

Irmgard Weth, Neukirchner Kinderbibel, Illustrationen von Kees de Kort (in neuer Rechtschreibung), Neukirchner-Verlag, Neukirchen Vluyn, 12. Auflage 2000

Werner Laubi, Kinderbibel, Illustrationen von Annegert Fuchshuber, Verlag Ernst Kaufmann, Lahr 1992

Jesus, Mein Bibel-Bilder-Buch, Illustrationen von Gaetan Evrard, Verlag Junge Gemeinde, Leinfelden-Echterdingen und Verlag Katholisches Bibelwerk, Stuttgart 2001

Kinderbibel, Mit Bildern von Sieger Köder, Verlag Katholisches Bibelwerk, Stuttgart

Anleitung zum biblischen Erzählen

Werner Laubi, Die Himmel erzählen, Narrative Theologie und Erzählpraxis, Verlag Ernst Kaufmann, Lahr 1995

Reinmar Tschirch, Biblische Geschichten erzählen, Kohlhammer-Verlag, Stuttgart 1997

Jochem Westhof, Erzähl mir was, Tipps für fantasievolles und lebendiges Erzählen, Verlag Ernst Kaufmann, Lahr 1999

Weitere Literatur zur Gestaltung von Gottesdiensten mit Kleinkindern

Alma Grüßhaber, Vom Mitmachen und Mutmachen, Kindergottesdienst mit 4–7Jährigen, Verlag Junge Gemeinde, Leinfelden-Echterdingen, 4. Auflage 2000

Pia Biehl, Erzähl mir mehr vom lieben Gott ..., Krabbel- und Kindergottesdienste zu biblischen Geschichten, Verlag Katholisches Bibelwerk, Stuttgart 2000

Norbert Thelen, Wir erleben die Bibel, Kindergottesdienste im Kreis, Grünewald Verlag, Mainz 1999

Susanne Scheidt, Marion Vieth (Hg.), Wir feiern Kinderkirche, 25 Gottesdienste für Kinder bis 6, Matthias Grünewald Verlag, Mainz 1999

Farbenfrohe Bilderbibel für die Allerkleinsten

Jesus
Mein Bibel-Bilder-Buch

Eine Auswahlbibel für Kinder ab 2 Jahren. Das Bibel-Bilder-Buch erzählt in farbenfrohen Bildern und kurzen Texten von Jesus und seinen Jüngern. Jede Erzählung wird mit einem Kurztext eingeleitet, der Eltern und Kindern den Zusammenhang und die Bedeutung für uns heute erklärt.

Illustriert von Gaetan Evrard, 128 Seiten, durchgehend vierfarbig,
Pappband, Format 21 x 27,5 cm

Verlag Katholisches Bibelwerk - ISBN 3-460-24400-3
Verlag Junge Gemeinde - ISBN 3-7797-0376-9

Thematische Reihen für den Kindergottesdienst mit 4- bis 7-Jährigen

Alma Grüßhaber (Hg.)

Vom Mitmachen und Mutmachen

In diesem überaus erfolgreichen Buch (4 Auflagen) werden mit Liedern und Spielen, Anregungen zum Basteln und Feiern, mit Tanz und Bewegung altersgerechte Gestaltungsmöglichkeiten angeboten. Die Themen der Gottesdienste orientieren sich an der Lebens- und Erfahrungswelt dieser Altersgruppe, z.B. »Ich bin da – geliebt und angenommen« oder »Beschenkt werden – teilen lernen«.

192 Seiten, kartoniert, 4. Auflage 2000
Verlag Junge Gemeinde - ISBN 3-7797-0329-7

Krabbel- und Kindergottesdienste zu biblischen Geschichten

Pia Biehl

„Erzähl mir mehr vom lieben Gott ..."

21 Gottesdienstmodelle zu Geschichten aus der Bibel für Kleinkinder und ihre Eltern. Die biblischen Geschichten werden nicht nur erzählt, sondern mit unterschiedlichen Methoden für die Kinder anschaulich gemacht (Legematerial, Bilder, Figuren, Symbolgegenstände), teilweise werden die Kinder auch selbst zu Mitakteuren.

112 Seiten, kartoniert
Verlag Katholisches Bibelwerk - ISBN 3-460-08011-6

VERLAG JUNGE GEMEINDE
Postfach 10 03 55, 70747 Leinfelden-Echterdingen

VERLAG KATHOLISCHES BIBELWERK
Silberburgstraße 121, 70176 Stuttgart